Bibliografische Information der Deutschen Nationalbibliothek:

Die Deutsche Bibliothek verzeichnet diese Publikation in der Deutschen National-
bibliografie; detaillierte bibliografische Daten sind im Internet über http://dnb.d-
nb.de/ abrufbar.

Impressum:

Copyright © 2016 GRIN Verlag, Open Publishing GmbH
Druck und Bindung: Books on Demand GmbH, Norderstedt Germany
ISBN: 9783668301245

Dieses Buch bei GRIN:

http://www.grin.com/de/e-book/340691/rechtsprechung-des-bundesgerichtshofs-
zum-bedingten-vorsatz-bei-toetungsdelikten

Daniel Martschink

Aus der Reihe: e-fellows.net stipendiaten-wissen

e-fellows.net (Hrsg.)

Band 2129

Rechtsprechung des Bundesgerichtshofs zum bedingten Vorsatz bei Tötungsdelikten

GRIN Verlag

GRIN - Your knowledge has value

Der GRIN Verlag publiziert seit 1998 wissenschaftliche Arbeiten von Studenten, Hochschullehrern und anderen Akademikern als eBook und gedrucktes Buch. Die Verlagswebsite www.grin.com ist die ideale Plattform zur Veröffentlichung von Hausarbeiten, Abschlussarbeiten, wissenschaftlichen Aufsätzen, Dissertationen und Fachbüchern.

Besuchen Sie uns im Internet:

http://www.grin.com/

http://www.facebook.com/grincom

http://www.twitter.com/grin_com

„Rechtsprechung des Bundesgerichtshofs zum bedingten Vorsatz bei Tötungsdelikten"

Daniel Martschink

Gliederung

Literaturverzeichnis

Altvater, Gerhard, Rechtsprechungsübersicht Tötungsdelikte, Neue Zeitschrift für Strafrecht (NStZ), 2006, S.86-93.

Artkämper, Heiko/Dannhorn, Reinhold, Argumentation zur Feststellung oder Ablehnung eines bedingten Tötungsvorsatzes – mit Anm. zum Urteil des BGH vom 16.5.2013 – 3 StR 45/13, NStZ 2015, S.241-250.

Fahl, Christian, Anmerkung zu LG Rostock, Urteil vom 16.09.1996 - I KLs 19/96, NStZ 1997, S. 392.

Fischer, Thomas, Bewerten, Beweisen, Verurteilen, Antwort auf Puppes Polemik über die „Methoden der Rechtsfindung des BGH" (ZIS 2014, 66), Zeitschrift für internationale Strafrechtsdogmatik (ZIS) 3/2014, S. 97-101.

ders., Strafgesetzbuch mit Nebengesetzen, 63. Auflage, München 2016.

Freund, Georg, Strafrecht Allgemeiner Teil, Personale Straftatlehre, 2. Auflage, Berlin/Heidelberg 2009.

Frisch, Wolfgang, Gegenwartsprobleme des Vorsatzbegriffs und der Vorsatzfeststellung am Beispiel der AIDS-Diskussion, in: Geppert, Klaus/Dehnicke, Diether (Hrsg.), Gedächtnisschrift für Karlheinz Meyer, Berlin/New York 1990, S.533-566.

Hassemer, Winfried, Kennzeichen des Vorsatzes, in: Dornseifer, Gerhard [u. a.], Gedächtnisschrift für Armin Kaufmann, Köln [u. a.] 1989, S. 289-309.

Heinke, Daniel H., Das Deliktphänomen „Tottreten" – Kriminalwissenschaftliche Erkenntnisse und Folgerungen für die rechtliche Bewertung, NStZ 2010, S.119-125.

Joecks, Wolfgang/Miebach, Klaus (Hrsg.), Münchener Kommentar zum Strafgesetzbuch, Band 4: §§ 185-262 StGB, 2. Auflage, München 2012 (zitiert als: MK-Bearbeiter).

Kaufmann, Armin, Der dolus eventualis im Deliktsaufbau, Die Auswirkungen der Handlungs- und der Schuldlehre auf die Vorsatzgrenze, Zeitschrift für die gesamte Strafrechtswissenschaft (ZStW) 70 (1958), S. 64-86.

Kindhäuser, Urs/Neumann, Ulfried/Paeffgen, Hans-Ullrich (Hrsg.), Strafgesetzbuch, 4. Auflage, Baden-Baden 2013 (zitiert als: NK-Bearbeiter).

Krüger, Jessica, Die Bevorzugung von Ärzten bei der Feststellung von Tötungsvorsatz, Online Zeitschrift für Höchstrichterliche Rechtsprechung zum Strafrecht (HRRS) 3/2016, S. 148-155.

Kudlich, Hans, An den Grenzen des Tötungsvorsatzes, Anm. zu BGH, Urteil vom 20.9.2012 – 3 StR 158/12 und BGH, Urteil vom 20.9.2012 – 3 StR 140/12, Juristische Arbeitsblätter (JA) 2013, S.152-154.

Kühl, Kristian/Heger, Martin, Strafgesetzbuch, Kommentar, 28. Auflage, München 2014 (zitiert als: Lackner/Kühl).

Laufhütte, Heinrich Wilhelm/Rissing-van Saan, Ruth/Tiedemann, Klaus (Hrsg.), Strafgesetzbuch, Leipziger Kommentar, Erster Band: Einleitung; §§ 1 bis 31, 12. Auflage, Berlin 2007 (zitiert als: LK-Bearbeiter).

Lohmann, Johann, Anmerkung zu BGH, Urt. v. 14.8.2014 – 4 StR 163/14 (LG Detmold), NStZ 2015, S.580-582.

Mandla, Christoph, Bedingter Tötungsvorsatz, Anmerkung zu BGH, Urteil vom 22. 3. 2012 - 4 StR 558/11 (LG Saarbrücken), NStZ 2012, S.695-697.

Mayer, Hellmuth, Strafrecht, Allgemeiner Teil, Stuttgart 1953.

Morkel, Dan W., Abgrenzung zwischen vorsätzlicher und fahrlässiger Straftat, NStZ 1981, S.176-179.

Philipps, Lothar, An der Grenze von Vorsatz und Fahrlässigkeit – Ein Modell multikriterieller computergestützter Entscheidungen, in: Schünemann, Bernd [u. a.] Festschrift für Claus Roxin zum 70. Geburtstag am 15. Mai 2001, Berlin/New York 2001, S.365-378.

Prittwitz, Cornelius, Die Ansteckungsgefahr bei AIDS, Ein Beitrag zur objektiven und subjektiven Zurechnung von Risiken – (Teil II), JA 1988, S. 486-502.

Puppe, Ingeborg, Beweisen oder Bewerten, Zu den Methoden der Rechtsfindung des BGH, erläutert anhand der neuen Rechtsprechung zum Tötungsvorsatz, ZIS 2/2014, S. 66-70.

dies., Der Vorstellungsinhalt des dolus eventualis, ZStW 103 (1991), S. 1-42.

Ragués, Ramon, Überlegungen zum Vorsatzbeweis, Goltdammer´s Archiv für Strafrecht (GA) 2004, S.257-271.

Rissing-van Saan, Ruth, Der bedingte Tötungsvorsatz und die Hemmschwellentheorie des Bundesgerichtshofs, in: Geisler, Claudius/Kraatz, Erik/Kretschmer, Joachim/Schneider, Hartmut/Sowada, Christoph (Hrsg.), Festschrift für Klaus Geppert zum 70. Geburtstag am 10. März 2011, Berlin 2011, S. 497-517.

Roxin, Claus, Strafrecht, Allgemeiner Teil, Band I, Grundlagen – Der Aufbau der Verbrechenslehre, 4. Auflage, München 2006.

Schmidhäuser, Eberhard, Die Grenze zwischen vorsätzlicher und fahrlässiger Straftat („dolus eventualis" und „bewußte Fahrlässigkeit", Juristische Schulung (JuS) 1980, S. 241-252.

Schneider, Hartmut, Gesamtbetrachtung vorsatzkritischer Umstände beim Totschlag, Anmerkung zu BGH, Beschluß vom 28. 6. 2005 - 3 StR 195/05 (LG Hannover), NStZ 2005, S.629-631.

Schröder, Horst, Aufbau und Grenzen des Vorsatzbegriffs, in: Festschrift für Wilhelm Sauer zu seinem 70. Geburtstag am 24. Juni 1949, Mit Bibliographie, Berlin 1949, S. 207-248.

Schroth, Ulrich, Die Rechtsprechung des BGH zum Tötungsvorsatz in Form des „dolus eventualis", NStZ 1990, S. 324-326.

ders., Juristische Rundschau (JR) 2003, Anmerkung zu Urt. des BGH vom 18.4.2002 – 3 StR
52/02, S. 250-253

Trück, Thomas, Die Problematik der Rechtsprechung des BGH zum bedingten Tötungsvorsatz, NStZ 2005, S.233-240

Verrel, Torsten, (Noch kein) Ende der Hemmschwellentheorie?, NStZ 2004, S.309-312.

Volk, Klaus, Begriff und Beweis subjektiver Merkmale, in: Roxin, Claus/Widmaier, Gunter
(Hrsg.), 50 Jahre Bundesgerichtshof, Festgabe aus der Wissenschaft, Band IV: Strafrecht,
Strafprozeßrecht, München 2000, S.739-753.

Wassermann, Rudolf (Hrsg.), Kommentar zum Strafgesetzbuch, Band 1: §§ 1-21, Neuwied
1990 (zitiert als: AK-Bearbeiter).

Wessels, Johannes/Beulke, Werner/Satzger, Helmut, Strafrecht Allgemeiner Teil, Die Straftat
und ihr Aufbau, 45. Auflage, Heidelberg [u. a.] 2015.

I. Einführung und Problemstellung

Diese Seminararbeit soll einen Beitrag zur Abgrenzung des bedingten Vorsatzes (dolus eventualis) von der bewussten Fahrlässigkeit bei Tötungsdelikten leisten. Zwar wurden zu diesem mit Vehemenz diskutierten zentralen und einem der schwierigsten Problemfelder der Strafrechtswissenschaft in Rechtsprechung und Lehre bereits verschiedene definitorische Ansätze gefunden,[1] jedoch noch keine befriedigenden Ergebnisse hinsichtlich der strafprozessualen Anwendung dieser Begriffe.[2] Die materiell-rechtliche Grenze zwischen dolus eventualis und bewusster Fahrlässigkeit ist trotz der Fülle an scheinbar unterschiedlichen „Theorien" auch weniger unklar als vielmehr die Anforderungen, die an den Nachweis bedingt vorsätzlichen Handelns[3] gestellt werden. Der Bundesgerichtshof (BGH) bedient sich einer Fülle metaphorischer Umschreibungen und Formeln – zumeist „Leerformeln"[4] – ohne näher zu erklären, was er darunter verstanden wissen will. Dass es noch zu keiner tauglichen Zusammenstellung von Anforderungen an den Nachweis bedingten Tötungsvorsatzes gekommen ist, stellt die Tatgerichte vor das Problem, dass der BGH unvorhersehbar Urteile kassiert.[5] Die Rechtsprechung des BGH verirrt sich in unklaren Begrifflichkeiten und führt mitunter bei – auf den ersten Blick – vergleichbaren Sachverhalten in einer Gesamtschau zu schwer nachvollziehbaren und teils konträren Ergebnissen. Die einzelnen Strafsenate gehen – wenn auch nicht von diesen selbst erkannt[6] – keinen einheitlichen Weg bezüglich des Vorsatznachweises.

Die Schwierigkeit besteht darin, dass zumindest das voluntative Element des Vorsatzes nicht als solches feststellbar ist. Es muss stattdessen von einem äußeren Geschehensablauf (Indizien) auf die innere Einstellung des Täters zur Tat geschlossen werden.[7] Dabei geht es im Kern um ein Plausibilitätsurteil. Nämlich darum, ob die Alternativhypothese, dass der Täter nicht vorsätzlich handelte möglich und logisch schlüssig ist oder nicht.[8]

Nach Darstellung dessen, was der BGH unter bedingtem Tötungsvorsatz versteht (II. Kap.), soll untersucht werden, welche Anforderungen an die Feststellung gestellt werden (III. Kap.), da das entscheidende Problem der praktischen Rechtsanwendung bei diesem strafprozessua-

---

[1] *Morkel*, NStZ 1981, 176, 177, 179; *Frisch*, in: GS Meyer, 533; *Heinke*, NStZ 2010, 119, 123; *Roxin*, AT I, § 12 Rn. 21; MK-*Schneider*, § 212 Rn. 6; *Rissing-van Saan*, in: FS Geppert, 497, 498.
[2] *Ragués*, GA 2004, 258, 261; MK-*Schneider*, § 212 Rn. 10 ff.; *Altvater*, NStZ 2006, 86.
[3] Aufgrund des begrenzten Umfangs dieser Seminararbeit kann hier nur auf *positives Tun* eingegangen werden.
[4] *Trück*, NStZ 2005, 233, 235.
[5] Vgl. *Mandla*, NStZ 2012, 695, 696; NK-*Puppe*, § 15 Rn. 34; *Artkämper/Dannhorn*, NStZ 2015, 241, 243.
[6] BGH, Urt. v. 22.3.2012 – 4 StR 558/11, Rn. 39, www.bundesgerichtshof.de (alle Entscheidungen mit Az. ab dem Jahr 2000) dazu treffende Anm. *Mandla*, NStZ 2012, 695, 696.
[7] *Hassemer*, in: GS Armin Kaufmann, 289, 303 ff.; *Volk*, in: FG BGH, Bd. IV, 739; Lackner/*Kühl*, § 15 Rn. 25.
[8] Siehe dazu Schaubild des *Verf.* im Anhang zum V. Kap. (S. VI).

len Nachweis liegt.[9] In der Praxis ist der bedingte Tötungsvorsatz mehr Tat- als Rechtsfrage.[10] Es wird sich zeigen, dass trotz aller Kritik (IV. Kap.) und der *scheinbaren* Beliebigkeit der Rechtsprechung,[11] mit den von den Strafsenaten formulierten Ausführungen eine Lösung besteht (V. Kap. und Anhang zum V. Kap.), die den Tatgerichten, ohne von der facettenreichen höchstrichterlichen Rechtsprechung abzuweichen, eine revisionsfeste Vorsatzprüfung ermöglicht. Dabei soll keine fallgruppenorientierte Lösung gefunden werden,[12] sondern unabhängig davon eine generell anwendbare wissenschaftliche *Methode* dargestellt werden, die zu einer einheitlichen Behandlung von Grenzfällen des bedingten Tötungsvorsatzes führt.

---

[9] LK-*Vogel*, § 15 Rn. 63 ff., 102; Vor § 15, Rn. 71 ff.: *Wessels/Beulke/Satzger*, AT, Rn. 334.
[10] LK-*Vogel*, § 15 Rn. 63; *Rissing-van Saan*, in: FS Geppert, 497, 501.
[11] Dass der Anschein der Beliebigkeit trügt, erkennt entgegen vieler MK-*Schneider*, § 212 Rn. 52.
[12] Fallgruppenübersicht bei MK-*Schneider*, § 212 Rn. 15 ff; *Artkämper/Dannhorn*, NStZ 2015, 241, 244 ff.

II. Definition von bedingtem Tötungsvorsatz in der Rechtsprechung des BGH

1. Tatbestandsvorsatz als Ausgangspunkt des bedingten Vorsatzes

Gemäß § 15 StGB ist nur vorsätzliches Handeln strafbar, soweit nicht das Gesetz fahrlässiges Handeln ausdrücklich unter Strafe stellt. Der Gesetzgeber hat auf eine Legaldefinition des Vorsatzbegriffs verzichtet und stattdessen die inhaltliche Ausfüllung des Begriffs Rechtsprechung und Lehre überlassen.[13]

Nach ständiger Rechtsprechung des BGH setzt Vorsatz die Kenntnis aller zum objektiven Tatbestand gehörenden Merkmale und den Willen zur Verwirklichung dieser voraus.[14] Damit besteht Vorsatz aus einem kognitiven (Wissen) und einem voluntativen (Wollen) Element.

Aus §§ 8, 16 I S. 1 StGB ergibt sich des Weiteren, dass der Tatbestandsvorsatz bei Begehung der Tat, mithin in dem Zeitpunkt, in dem der Täter oder Teilnehmer handelt oder im Falle des Unterlassens hätte handeln müssen, gegeben sein muss (Koinzidenzprinzip).[15] Ein zuvor gefasster „Vorsatz" oder die nachträgliche Billigung sind nicht ausreichend.[16]

2. Elemente des bedingten Tötungsvorsatzes

a) Möglichen Todeseintritt erkennen (kognitives Element)

Auf der Wissensseite des subjektiven Tatbestandes des § 212 StGB muss der Täter den tatbestandlichen Erfolg (Tod eines anderen Menschen) als nicht ganz fernliegende Folge seines Handelns erkennen. Er muss kein sicheres Wissen darüber haben, dass seine Handlung zum Tod des Opfers führen kann. Es genügt, dass „nach der Lebenserfahrung [ein] ausreichendes Maß an Sicherheit besteht, an dem vernünftige Zweifel nicht aufkommen können."[17]

Beim Nachweis bedingten Tötungsvorsatzes bereitet das kognitive Element selten Probleme.[18]

In einem vom *1. Strafsenat* zu entscheidenden Fall schüttelte der Angeklagte – ein Krankenpfleger und Rettungssanitäter – das 18 Monate alte Baby seiner Ehefrau so heftig, dass dieses ein Schütteltrauma erlitt und an den Folgen verstarb. Während das *Landgericht (LG) Passau* ohne Begründung annahm, dass sich der Angeklagte der Einsicht, dass das Kind durch diese Misshandlung zu Tode kommen könne, verschlossen hätte, stellte der *BGH* zutreffend fest,

---

[13] BT-Drs. V/4095, S. 8.
[14] BGHSt 19, 295, 298.
[15] Vgl. BGH, NStZ 1983, 452, 453.
[16] BGH, StV 1986, 59 („*Poller-Fall*"); BGH, NStZ 1983, 452 (Notwehr nach nicht realisierter Angriffsabsicht).
[17] BGH, Urt. v. 7.12.1999 – StR 538/99, JurionRS 1999, 14045, Rn. 10.
[18] MK-*Schneider*, § 212, Rn. 9 f.

dass eine bloß „abstrakt-theoretische Möglichkeit, [...] sich einer jedermann offenkundigen Einsicht"[19] zu verschließen, nicht ausreichend ist, um das kognitive Element zu verneinen.

Im „*Fall Karolina*" misshandelten die Angeklagten ein 3-jähriges Kind mehrere Tage körperlich schwer. Eines Abends erhielt das Kind mit der flachen Hand einen solch heftigen Schlag ins Gesicht, dass es mit dem Kopf gegen die Zimmerwand prallte, bewusstlos zu Boden sank und später verstarb. Das *LG Memmingen* lehnte bedingten Tötungsvorsatz ab, da der Angeklagte nicht gewusst hätte, dass solche Schläge aufgrund der Rotationsbewegung besonders gefährlich sind und „in Folge des Risses der Brückenvene zu einer tödlichen Hirnblutung führen" können. Der *1. Strafsenat* widersprach zu Recht und stellte fest, dass es nicht auf „medizinisches Detailwissen" ankommt, sondern nur darauf, dass allgemein bekannt ist, dass Schläge gegen den Kopf von Kleinkindern und das Aufprallen auf einen festen Gegenstand zu schwersten Verletzungen bis hin zum Tod führen können.[20]

In einem Fall, den der *2. Strafsenat* entschied, führte der Angeklagte unter erheblichem Kraftaufwand einen Analplug mit einem Durchmesser von 12 cm und eine Weinflasche (mit dem Boden voran) in den Anus seines Opfers ein. Dabei wurde die Enddarmwand durchstoßen. Die Frau verstarb an den schweren Verletzungen im Vaginal- und Analbereich. Das *LG Darmstadt* verneinte (bedingten) Tötungsvorsatz. Der *BGH* hob das Urteil zutreffend auf, weil es fernliege, dass dem Angeklagten nicht bewusst gewesen sei, dass es zu solchen Verletzungen kommen kann, da das Einführen zuvor bereits (einvernehmlich) nicht möglich gewesen war.[21]

Als Beispiel für ein in der Bevölkerung außerhalb zu unterstellender medizinischer Sachkenntnis liegendes Wissen ist der „*Kochsalz-Fall*" anzuführen. Die angeklagte Mutter zwang ihr Kleinkind, einen von diesem irrtümlich versalzenen Pudding zu essen. Das Kind erlitt dadurch eine Kochsalzintoxikation, die aufgrund der Salzmenge (32 g) und des geringen Körpergewichts des Mädchens (15 kg) zum Tod führte. Sowohl das *LG Frankenthal* als auch der *4. Strafsenat* stellten zu Recht fest, dass nur eine in medizinischen Fragen sachkundige Person, den Tod hätte erkennen können, weshalb eine vorsätzliche Tötung ausscheide.[22]

Darin zeigt sich: je einfacher *und* gefährlicher die Struktur der Gefahrensituation ist, umso naheliegender ist es, dass der Täter diese auch erkannt hat und damit verbunden die Möglichkeit des nicht ganz fernliegenden Todes des Opfers.

---

[19] BGH, Urt. v. 7.12.1999 – 1 StR 538/99, JurionRS 1999, 14045, Rn. 10 f.
[20] BGH, Urt. v. 13.12.2005 – 1 StR 410/05, S. 14 („*Fall Karolina*").
[21] BGH, Urt. v. 16.12.2009 – 2 StR 446/09, Rn. 6 (im Folgenden als „*Analplug-Fall*" bezeichnet).
[22] BGH, Urt. v. 16.3.2006 – 4 StR 536/05, Rn. 10 („*Kochsalz-Fall*").

b) Billigung des Todes (voluntatives Element)

Das wesentliche Unterscheidungskriterium zwischen bewusster Fahrlässigkeit und bedingtem Vorsatz ist das voluntative Element. Hat der Täter den möglichen Todeseintritt erkannt, muss er diesen billigend in Kauf nehmen oder sich zumindest mit dem – an sich unerwünschten – Tod des Opfers abfinden.[23]

Im grundlegenden „*Lederriemen-Fall*" wollten die Täter ihr Opfer ausrauben. Nachdem es ihnen mittels Schlaftabletten und Schlägen mit einem Sandsack nicht gelungen war, das Opfer kampfunfähig zu machen, gingen sie zu dem, anfangs aus der Sorge eines tödlichen Ausgangs verworfenen, Plan über, das Opfer mit einem ledernen Hosenriemen zu drosseln. Sie billigten nicht den Tod des Opfers und manifestierten anfangs sogar einen Vermeidewillen. Durch die zu starke Drosselung erstickte das Opfer gleichwohl. Der *5. Strafsenat* konstruierte in Anlehnung an das Reichsgericht ein „Billigen im Rechtssinne".[24] Danach „billigt" der Täter einen Erfolg in der Weise, dass er sich „um des erstrebten Zieles willen [primäres Handlungsziel hier Ausrauben d. Opfers] [...] damit abfindet, da[ss] seine Handlung den an sich unerwünschten Erfolg [Tod] herbeiführt und ihn damit für den Fall seines Eintritts will."[25]

Richtigerweise erkennt *Puppe*, dass man einen Erfolg nicht unter der Bedingung seines Eintritts wollen kann.[26] Zwar ist es richtig, dass der Täter den Tod des Opfers unter einer zuvor bestimmten Bedingung wollen kann; in casu, dass das spätere Opfer nicht anders kampfunfähig gemacht werden kann, jedoch kann diese Bedingung nicht im Erfolg (Tod des Opfers) selbst, sondern nur in einem außerhalb des Erfolgs liegenden Umstand zu finden sein. Eine Einstellung, bei der die Bedingung des Erfolgs gleich dem Erfolg ist, bezeichnet *Puppe* zutreffend als Indifferenz.[27] „Billigung" suggeriert, dass der Täter mit dem Tod einverstanden sein muss, ihn gutheißt oder für angebracht hält. Klarheit erreicht der BGH auch nicht damit, dass er mit der „Billigung im Rechtssinne" einen der Alltagssprache fremden Begriff erfindet.[28] *Schmidhäuser* bezeichnet diesen Begriff prägnant als „leere Begriffshülse"[29], für *Puppe* hat die Formel vom billigenden In-Kauf-nehmen „gar keinen Sinn"[30] und *Hassemer* sieht da-

---

[23] BGHSt 7, 363, 369 („*Lederriemen-Fall*"); BGHSt 36, 1, 9 („*Aids-Fall*"); BGH, Urt. v. 4.2.2010 – 4 StR 394/09, Rn. 13; BGH, Urt. v. 19.4.2016 – 5 StR 498/15, Rn. 10 zustimmend *Rissing-van Saan*, in: FS Geppert, 497, 500; *Wessels/Beulke/Satzger*, AT, Rn. 323.

[24] BGHSt 7, 363, 369 in diese Richtung bereits RGSt 76, 112, 114.

[25] BGHSt 7, 363, 369 (Anm. *Verf.*).

[26] NK-*Puppe*, § 15 Rn. 22.

[27] NK-*Puppe*, § 15 Rn. 22.

[28] *Rissing-van Saan*, in: FS Geppert 497, 500 kritisch dazu auch: NK-*Puppe*, § 15 Rn. 33.

[29] *Schmidhäuser*, JuS 1980, 241, 246.

[30] NK-*Puppe*, § 15 Rn. 33.

rin nur die „Entscheidung gegen das Rechtsgut"[31]. Der BGH hätte letztendlich jeden beliebigen Begriff wählen können und ihn verbunden mit dem Zusatz „im Rechtssinne" zu einem neuen Begriff gemacht, welcher in jedem Fall einer Erklärung bedarf.

In einem aktuellen vergleichbaren Fall hat der *BGH* diese Rechtsprechung erneut bestätigt. Der Angeklagte raubte gemeinsam mit 4 Mittätern eine 84-jährige alleinstehende Frau in ihrer Wohnung aus. Nachdem die Frau in eine Art Schwitzkasten genommen wurde, wirkten die Täter gewaltsam auf Gesicht und Hinterkopf ein. Um die sich unerwartet heftig wehrende Frau ruhigzustellen, knebelten sie diese mit einem Tuch. Beim Hineinschieben des Knebels in die Mundhöhle klappte die Zunge nach hinten und verschloss die Atemwege. Die Täter verknoteten zudem eine Decke um ihren Hals. Das Opfer verstarb innerhalb von 3 Minuten. Während das *LG Hamburg* davon ausging, die Angeklagten hätten auf das Ausbleiben des Todes vertraut, hob der *5. Strafsenat* – im Ergebnis richtig – das Urteil auf. Bedingter Tötungsvorsatz sei nur auszuschließen, wenn der Täter „ernsthaft und nicht nur vage darauf vertraut haben könnte, das Opfer werde nicht zu Tode kommen."[32]

Die Manipulierbarkeit[33] und Beliebigkeit der Begriffe zeigt sich jedoch anschaulich im „*Aids-Fall*" (1988). Ein HIV-Infizierter vollzog (einvernehmlichen) ungeschützten Geschlechtsverkehr mit einem von der Infektion nicht Wissenden. Hinsichtlich des Körperverletzungserfolges nahm der *BGH* nur ein „vages Vertrauen" auf das Ausbleiben der HIV-Infektion an, demgegenüber sollte ein „ernsthaftes Vertrauen" darauf gegeben sein, dass während der Inkubationszeit ein wirksames Mittel gegen Aids gefunden würde.[34] Aus denselben äußeren Umständen leitete der *1. Strafsenat* zwei unterschiedliche Formen des Vertrauens ab. Dabei lag es außerhalb des Einflussbereiches des Täters, dass ein Heilmittel gegen Aids gefunden wird. Es war somit einem *glücklichen Zufall* überlassen, dass es im Fall einer Infektion nicht zum Tode kommt. Dass der Täter darauf „ernsthaft vertraut" haben soll, ist, wie es *Schneider* an anderer Stelle treffend bezeichnet, lediglich „unspezifizierter tatsachengelöster Optimismus"[35], der nicht geeignet ist, Vorsatz auszuschließen. Es war dem Täter zur Befriedigung seines Geschlechtstriebes (primäres Handlungsziel), ohne geeignete Schutzmittel, *gleichgültig*, ob sein Sexualpartner infiziert werden würde. Der *5. Strafsenat* hat in einer späteren Entscheidung, bei der ein Passant beinahe totgetreten wurde, erkannt,

---

[31] *Hassemer*, in: GS Kaufmann, 289, 298, Fn. 46.
[32] BGH, Urt. v. 19.4.2016 – 5 StR 498/15, Rn. 14 ebenso BGH, Urt. v. 14.9.1971 – 1 StR 280/71, abgedruckt in: *Köhler*, JZ 1981, 35, 36; BGH, GA 1979, 106, 107 („Kindstötung durch Schütteln"); BGHSt 36, 1, 9f. („*Aids-Fall*"); BGH, NStZ 1999, 507, 508 (Öffnen der Gasleitung); BGH, Urt. v. 22.3.2012 – 4 StR 558/11, Rn. 30.
[33] NK-*Puppe*, § 15 Rn. 36.
[34] BGH Urt. v. 4.11.1988 – 1 StR 262/88, JurionRS 1988, 16705, Rn. 28, 37.
[35] MK-*Schneider*, § 212 Rn. 64.

dass man auf das Ausbleiben des Todes aufgrund eines glücklichen Zufalls höchstens hoffen, aber nicht ernsthaft vertrauen kann.[36] Im „Aids-Fall" hätte bedingter Tötungsvorsatz nach diesen Grundsätzen bejaht werden müssen.[37] Dass dies, womöglich aus dem Streben nach einer milderen Strafe,[38] nicht passierte, konterkariert die gesetzlichen Strafmilderungsgründe.

Es zeigt sich, dass ein „ernsthaftes Vertrauen" darauf, dass der Tod nicht eintreten wird, kein geeignetes unterstützendes Abgrenzungskriterium ist. Erst recht kann diesem Begriff keine zentrale Bedeutung, die *Schneider* dem Konzept des BGH zuschreibt,[39] zukommen. Ihm fehlt bereits die semantische Präzision. Ein unklarer Begriff taugt aber nicht als Abgrenzungskriterium. Es ist schon fraglich, wo die Grenze zwischen Glauben, Hoffen, vagem und ernsthaftem Vertrauen liegen soll.[40] Wenn das Vertrauen entscheidendes Kriterium zur Abgrenzung bewusster Fahrlässigkeit von bedingtem Vorsatz sein sollte, müsste es zudem durch dieselben äußeren Tatsachen belegt werden, die auch für den Vorsatznachweis im Übrigen herangezogen werden. Das „Vertrauen" bringt somit im Ergebnis nichts Neues – es wird entbehrlich. Es ist bloß eine weitere Umschreibung des billigenden In-Kauf-nehmens (im Rechtssinne), aber keine Erklärung dessen. Da es nicht möglich ist, den psychischen Sachverhalt per se festzustellen, muss im Rahmen eines „Zuschreibungsvorganges"[41] von äußeren Umständen auf das Innere des Täters geschlossen werden. Wenn es nun aber so ist, dass ein (ernsthaftes) Vertrauen auf ein Ausbleiben des Todes nicht vorliegt, wenn Tatsachen diese Annahme widerlegen, kann man auch anders formulieren, dass der Täter bei entsprechenden äußeren Umständen den rechtlich missbilligten Erfolg für (konkret) möglich,[42] wahrscheinlich – also mehr als möglich und weniger als überwiegend wahrscheinlich – hielt,[43] keinen Vermeidungswillen zum Ausdruck brachte,[44] die Gefahr – also die hinreichende Wahrscheinlichkeit, dass es in absehbarer Zeit zum Erfolg kommt – ernstnahm,[45] dieser gleichgültig gegenüberstand,[46] sie als relativ hoch erkannte und gleichwohl handelte,[47] das geschützte Rechtsgut aufs Spiel setz-

---

[36] BGH, Urt. v. 1.12.2011 – 5 StR 360/11, Rn. 10 (Tritt mit „voller Wucht" von oben auf den Kopf des verteidigungsunfähigen Opfers).
[37] Aufgrund verbesserter medizinischer Möglichkeiten (Behandlung mit antitretroviralen Medikamenten) heute wohl anders *LG Würzburg*, Urt. v. 17.1.2007 – 1 Ks 901 Js 9131/2005, juris, Rn. 149
[38] NK-*Puppe*, § 15 Rn. 36.
[39] MK-*Schneider*, § 212 Rn. 11, 63 ff.
[40] Vgl. *Frisch*, in: GS Meyer, 533, 541 f.; NK-*Puppe*, § 15 Rn. 44 (Unterscheidung „allzu geringfügig").
[41] *Schroth*, NStZ 1990, 324 („Zurechnungsfigur"); *Volk*, in: FG BGH, Bd. IV, 739, 749 f.; LK-*Vogel*, Vor § 15, Rn. 71 f. *Rissing-van Saan*, in: FS Geppert, 497, 498 f.; NK-*Puppe*, § 15 Rn. 98; *Kudlich*, JA 2013, 152, 153.
[42] *Schmidhäuser*, JuS 80, 241, 242, 250 ff.; *Freund*, AT, Rn. § 7 Rn. 70.
[43] *Mayer*, AT, 250 f.
[44] *Kaufmann* ZStW 70 (1958), 64, 74 ff.
[45] *Roxin*, AT I, § 12 Rn. 27.; *Wessels/Beulke/Satzger*, AT, Rn. 331.
[46] *Schroth*, JR 2003, 250, 252 („völlige Gleichgültigkeit gegenüber der Gefahr konstituiert das Billigen […]").
[47] NK-*Puppe*, § 15 Rn. 71 (Vorsatzgefahr) ähnlich *Ragués*, GA 2004, 257, 269.

te[48] oder – mit den Worten des *BGH* – den Erfolg billigte. Die Diskrepanz zwischen den einzelnen Formulierungen ist nicht so groß, wie die Diskussion vermuten lässt. Man könnte eine Vielzahl weiterer Phrasen finden, die alle nur in Nuancen variieren[49] und letztendlich in der Anwendung durch Indizien belegt werden müssen. Dem Tatrichter ist mit Metaphern nicht geholfen. Es kommt dabei nicht so sehr darauf an, welchen Begriff man wählt, sondern vielmehr, was man darunter verstanden wissen will. Die verschiedenen „Theorien" sind nur eine „bunte Paraphrasierung [...], welche ihren Gegenstand umkreist, ohne ihn zu fassen."[50]

Dem *BGH* ist trotz der misslungenen Formulierungen des „Billigen im Rechtssinne" und des „ernsthaften Vertrauens" auf das Ausbleiben des Erfolgs *im Ergebnis* zuzustimmen, denn mit teils unterschiedlichen Formulierungen wird das voluntative Element letztendlich bereits bei *Gleichgültigkeit* des Täters gegenüber der Tatbestandsverwirklichung angenommen.[51] Wenn der Täter – auch um den Preis eines Menschenlebens – eine möglicherweise zum Tod des Opfers führende Handlung vornimmt, um sein primäres Handlungsziel zu erreichen, handelt er bedingt vorsätzlich.[52] *Puppe*s Vorwurf man könne nur einen Preis in Kauf nehmen, den man selbst zahlt (bspw. aus der Tat resultierende „unangenehme Gefühle") und sich somit nur mit dem Tod eines anderen abfinden, wenn man sich zuvor mit diesem emotional solidarisiert hat,[53] ist, wie *Fischer* zutreffend erwidert „das manipulierte Ergebnis einer zugespitzten Begriffs-Klauberei ohne Rücksicht auf die Wirklichkeit."[54]

Rechtsprechung und Lehre sollten akzeptieren, dass man Empfindungen als subjektive Umstände nicht allgemein gültig definieren kann. Dass sich der BGH in neuerer Rechtsprechung der Feststellung und Würdigung von Indizien zuwendet (Gesamtbetrachtung) und sich vom bloßen Paraphrasieren (bspw. „Hemmschwelle") entfernt, ist der richtige Weg.[55]

---

[48] *Schröder*, in: FS-Sauer, 207, 239.
[49] Dies erkennen *Prittwitz*, JA 1988, 486, 495; *Hassemer*, in: GS Kaufmann, 289, 302 ff. („Bedeutungsträger der Umgangssprache"); *Frisch*, in: GS Meyer, 533, 539 ff.; MK-*Schneider*, § 212 Rn. 8.
[50] *Hassemer*, in: GS Kaufmann, 289, 302.
[51] BGHSt 40, 304, 306; BGH, Urt. 15.6.2000 – 4 StR 172/00, S. 4, 7 (ausrauben des Opfers „notfalls auch in die Gefahr des Todes" bringen); BGH Urt. v. 4.8.2004 – 5 StR 134/04, S. 4 (würgen des Opfers bis zur Bewusstlosigkeit, um Geschlechtsverkehr zu vollziehen);BGH, Urt. v. 30.8.2006 – 2 StR 198/06, Rn. 12(„Egal-Gefühl"); BGH, Urt. v. 25.5.2007 – 1 StR 126/07, Rn. 13; BGH, Urt. v. 15.12.2010 – 2 StR 531/10, Rn. 10; BGH, Urt. v. 19.4.2016 – 5 StR 498/15, Rn. 11; so auch *Schroth*, JR 2003, 250, 252; MK-*Schneider*, § 212 Rn. 67.
[52] *Roxin*, AT I, § 12 Rn. 23; LK-*Vogel*, § 15 Rn. 100.
[53] *Puppe*, ZIS 2/2014, 66, 68.
[54] *Fischer*, ZIS 3/2014, 97, 99.
[55] So bereits gefordert von *Hassemer*, in: GS Kaufmann, 289, 306; *Verrel*, NStZ 2004, 309, 312.

III. Anforderungen an die tatgerichtliche Feststellung des bedingten Vorsatzes

1. Objektive (Lebens-)Gefährlichkeit der Tathandlung

Ausgangspunkt und gewichtiges Indiz für eine vorsätzliche Tötung ist die objektive (Lebens-)Gefährlichkeit der Tathandlung.[56] Bei äußerst gefährlichen Gewalthandlungen ist in der Regel der Schluss auf das Vorhandensein bedingten Tötungsvorsatzes *naheliegend*.[57] Dabei ist zu beachten, dass der Tötungsvorsatz vom Lebensgefährdungsvorsatz des § 224 I Nr. 5 StGB abgegrenzt werden muss. Während es für die Begehung mittels einer das Leben gefährdenden Behandlung im Bereich des voluntativen Elements erforderlich ist, dass der Täter die Umstände, aus denen sich die *Lebensgefahr* ergibt, erkennt,[58] muss er zur Erfüllung des bedingten Tötungsvorsatzes „billigen", dass seine Handlung zum *Tötungserfolg* führen kann.

Aus Sicht der Gefährlichkeit der Tathandlung liegt die Grenze an dem Punkt, an dem es bei ungehinderter Fortentwicklung der gesetzten (Lebens-)Gefahr wahrscheinlicher ist, dass sie in einen Erfolg mündet (Tod), statt zuvor abgewendet zu werden. Sprachlich und materiell-rechtlich mag es möglich sein, diese Grenze zu bezeichnen, in der strafprozessualen Anwendung kann eine solche jedoch faktisch nicht bestehen.[59] Es ist nicht möglich den Punkt zu bestimmen, an dem das Maß der Gefährlichkeit so hoch ist, dass der Täter sein Opfer nicht mehr „nur" in Lebens*gefahr* bringen will, sondern weitergehend auch eine Tötung in Kauf nimmt. Darin zeigt sich, dass die (Lebens-)Gefährlichkeit der Handlung zwar Ausgangspunkt der Vorsatzfeststellung sein muss, sie jedoch isoliert betrachtet bedingten Tötungsvorsatz nicht tragfähig nachweisen kann – ein genereller Schluss von der Lebensgefährlichkeit der Tathandlung auf bedingten Tötungsvorsatz ist nicht möglich.[60] In früherer Rechtsprechung hat der *BGH* die sog. „Hemmschwelle/Hemmungsschranke" als Gegenargument zum naheliegenden Schluss angeführt.[61] Demnach sollte die Tötung eines Menschen die Überschreitung einer (höheren) „Hemmschwelle" erfordern. In neuerer Rechtsprechung fordert der *BGH*

---

[56] BGH, Beschl. v. 8.5.2001 – 1 StR 137/01, S. 5; MK-*Schneider*, § 212 Rn. 13, 65.

[57] BGH, Urt. v. 15.1.2003 – 5 StR 223/02, S. 5 (31 Messerstiche); BGH, Urt. v. 16.12.2003 – 5 StR 458/03, S. 5 (3-minütiges Strangulieren); BGH, Urt. v. 9.8.2005 – 5 StR 352/04, S. 8 (mehrere Messerangriffe); BGH, Urt. v. 25.5.2007 – 1 StR 126/07, S. 13 (sog. Tottreten); BGH Urt. v. 15.12.2010 – 2 StR 531/10, Rn. 8 (Schlag mit Machete auf den Kopf); BGH, Urt. v. 9.1.2013 – 5 StR 395/12, Rn. 9 (Tritt „wuchtig von oben nach unten" auf den Kopf); BGH, Urt. v. 5.6.2014 – 4 StR 439/13, Rn. 7 (Wurf von Gullydeckeln auf Autobahn).

[58] BGH, Urt. v. 31.5.2012 – 2 StR 73/02, S. 9 f. (Würgen bei einer Vergewaltigung, Drohung, das Opfer zu Erwürgen, wenn es sich nicht ruhig verhält).

[59] An der forensischen Feststellbarkeit zweifelt entgegen der h. M. zu Recht auch AK-*Zielinski*, § 15 Rn. 81.

[60] BGH, Beschl. v. 9.6.2015 – 2 StR 504/14, Rn. 7 (Schläge mit einem Fäustel auf den Kopf); BGH, Beschl. v. 14.1.2003 – 4 StR 526/02, BGH, Urt. v. 8.3.2001 – 4 StR 477/00, S. 8 (Mitschleifen eines Menschen an Kfz).

[61] BGH, StV 1982, 509 („*Polizeisperren-Fall*").

zu Recht deutlicher die Würdigung aller objektiven und subjektiven Tatumstände im Rahmen einer Gesamtbetrachtung im Einzelfall.[62]

Die andauernde Kritik, dass der BGH bei äußerst gefährlichen Gewalthandlungen angeblich nicht nachvollziehbar bedingten Tötungsvorsatz verneint,[63] verkennt die erforderliche Gesamtwürdigung aller Tatumstände. Oft wird nur anhand eindrücklicher, objektiver Lebensgefährlichkeit eine Beliebigkeit der Rechtsprechung aufgezeigt.[64] Freilich kann man de lege ferenda fragen, ob bei 23 Hammerschlägen auf Kopf, Hals und Nacken[65] oder einem Karateschlag gegen den Kopf eines Kleinkindes[66] eine Verurteilung „nur" wegen Körperverletzung mit Todesfolge angemessen ist. In beiden Fällen hatte das LG jedoch die erforderliche Gesamtwürdigung nicht vorgenommen. Ein Erfahrungssatz in der Art „wer so brutal handelt... muss den Tod billigen" existiert nicht. Eine derartige Aussage könnte nur eine fahrlässige Tötung belegen. Daher kassiert der BGH zu Recht solche Urteile. Im Rahmen der angestrebten Reform der Tötungsdelikte sollte der Gesetzgeber auch § 224 I Nr. 5 StGB im Blick haben.

Festzuhalten bleibt jedoch: je objektiv gefährlicher die Gewalthandlung ist, umso naheliegender ist es, dass der Täter mit bedingtem Tötungsvorsatz handelte (Hypothese).

2. Gesamtschau aller Tatumstände („Gesamtbetrachtungsmodell"[67])

Um die Hypothese zu überprüfen, müssen in einer Gesamtbetrachtung des Sachverhalts alle Indizien gewürdigt werden, anhand derer auf die innere Tatseite geschlossen werden kann.

In einem Fall, den der *4. Strafsenat* zu entscheiden hatte, stach ein jugendlicher Täter auf einer „Vorabifete" im Rahmen einer „gegenseitigen Schubserei" mit einem Messer (Klingenlänge 14 cm) ungezielt einmal auf sein Opfer ein, um sich dieses vom Leib zu halten. Dabei traf er den linken Lungenoberlappen und den Herzbeutel. Das Opfer verstarb im Krankenhaus. Das *LG Arnsberg*, welches eine Gesamtschau aller objektiven und subjektiven Tatumstände vorgenommen hatte, bedachte neben der *objektiven Lebensgefährlichkeit* (Stich in den linken Brustkorb) insbesondere auch den Tathergang, also die *konkrete Angriffsweise* (dynamisches Geschehen, spontan aus einer „gegenseitigen Schubserei" heraus) und die *psychische Situation des Täters* (angeheizte Stimmung). Aus dieser Gesamtbetrachtung konnte sich das

---

[62] BGH, Urt. v. 22.3.2012 – 4 StR 558/11, Rn. 29; BGH, Urt. v. 16.5.2013 – 3 StR 45/13, Rn. 7; BGH, Urt. v. 5.6.2014 – 4 StR 439/13, Rn. 7 ff.; BGH, Urt. v. 14.8.2014 – 4 StR 163/14, Rn. 15
BGH, Beschl. v. 27.10.2015 – 2 StR 312/15, Rn. 9 f. („*Denkzettel-Fall*"); BGH, Urt. v. 19.4.2016 – 5 StR 498/15, Rn. 11.
[63] *Trück*, NStZ 2005, 233, 234 f. NK-*Puppe*, § 15 Rn. 90 kritisch auch *Mandla*, NStZ 2012, 695, 696.
[64] Dagegen richtig erkannt *Kudlich*, JA 2013, 152.
[65] BGH, Beschl. v. 21.10.1986 – 4 StR 563/86, JurionRS 1986, 11989 (zu § 223a StGB a. F.).
[66] BGH, Urt. v. 25.11.1987 – 3 StR 449/87, JurionRS 1987, 16700.
[67] *Verrel*, NStZ, 309, 310.

LG nicht von bedingtem Tötungsvorsatz überzeugen. Der *BGH* bestätigte das Urteil, da die objektive Lebensgefährlichkeit ein Indiz, aber keinen zwingenden Beweisgrund darstellt.[68]

a) Konkrete Angriffsweise

Eines der aussagekräftigsten Indizien im Rahmen der Gesamtschau ist die konkrete Angriffsweise des Täters.

Beispielhaft dafür ist ein Fall, bei dem es zu Messerstichen in einem dunklen Flur kam. Die Angeklagten beschlossen ihrem Opfer die Tageseinnahmen aus dessen Gaststättenbetrieb wegzunehmen, um ihren Heroinkonsum zu finanzieren. Dazu versuchten sie den Mann mittels eines Schlaftrunks zu betäuben – das Mittel führte jedoch nur zu einem leichten Schlaf. Nachdem sich die Angeklagten in den Besitz der Geldbörse gebracht hatten, wachte ihr Opfer auf. Sie hielten sich in der Wohnung verborgen. Ihnen war klar, dass sie ohne Einsatz von Messern nicht an das Geld gelangen würden. Als das Opfer in den unbeleuchteten Flur kam, griffen sie es unvermittelt mit Schlägen und Tritten an und stachen mehrfach zu. Mit tiefen Verletzungen am Rücken und am Hals konnte das Opfer hilferufend ins Treppenhaus fliehen und entkam. Die Angeklagten gaben an, dass sie sich zwar mit der Todesgefahr abgefunden hatten, jedoch „auf einen glücklichen Ausgang vertrauten". Das *LG Essen* überzeugte sich nicht von bedingtem Tötungsvorsatz. Der *4. Strafsenat* hob das Urteil auf, da angesichts des *überfallartigen Vorgehens in der Dunkelheit* nicht von einem kontrollierten Messereinsatz ausgegangen werden könne und somit bedingter Tötungsvorsatz naheliege.[69]

Weitere konkrete Angriffsweisen, die für dolus eventualis sprechen, sind u. a. *zielgerichtete Messerstiche* gegen Oberkörper, Hals oder Kopf,[70] ein *von hinten geführter Stich* in den Rücken,[71] *auf eine Gelegenheit lauernd nochmals zuzustechen*[72] oder ein Zufahren auf das Opfer in *besonders unberechenbarer Fahrweise.*[73]

Hingegen spricht es u. a. gegen bedingten Tötungsvorsatz, wenn der Täter, die Intensität seiner Tritte, Schläge oder Stiche *kontrollieren* kann und nicht mit der ihm möglichen Wucht ausführt,[74] er „*nur*" einmal zutritt[75] oder er das Opfer bei Schüssen mit einer Handfeuerwaffe

---

[68] BGH, Urt. v. 28.2.2013 – 4 StR 357/12, Rn. 17 ff.
[69] BGH, Urt. v. 15.6.2000 – 4 StR 172/00, S. 7.
[70] BGH, Urt. v. 14.8.2014 – 4 StR 163/14, Rn. 17.
[71] BGH, Urt. v. 22.3.2012 – 4 StR 558/11, Rn. 7 (mit dem Ausruf „Verreck´, du Hurensohn").
[72] BGH, Urt. v. 28.5.2013 – 3 StR 78/13, Rn. 2.
[73] BGHSt 15, 291, 292 ff. („*Polizeisperren-Fall*").
[74] BGH, Urt. v. 16.5.2013 – 3 StR 45/13, Rn. 12 (fußballerische Erfahrung); BGH, Beschl. v. 9.6.2015 – 2 StR 504/14, Rn. 7 (Schläge mit gepolstertem Fäustel).
[75] BGH, Urt. v. 9.1.2013 – 5 StR 395/12, Rn. 9.

aus nächster Entfernung verfehlt.[76] In den Fällen, in welchen der Täter Gegenstände (bspw. Gullydeckel) von einer Autobahnbrücke wirft, spricht ein *geringes Verkehrsaufkommen* gegen bedingten Tötungsvorsatz.[77]

Bei Brandanschlägen soll es auf Fluchtmöglichkeiten und die Brennbarkeit der Einrichtung bzw. Bausubstanz sowie auf die Angriffszeit ankommen.[78]

Vermeidungs- und Gefahrverminderungsverhalten[79] sind ebenso wie die *gesundheitliche Konstitution* des Opfers in die Betrachtung einzubeziehen.

Auch wenn der BGH nicht explizit erklärt, in welchen Fällen außerhalb der angeführten Beispiele die konkrete Angriffsweise die Hypothese des Vorliegens bedingten Tötungsvorsatzes stützen kann, kommt es in einer Gesamtschau der Entscheidungen darauf an, ob der Täter die bewusst gesetzte Gefahr durch seine Handlung beherrschen kann (Risikobeherrschung)[80] oder ob bei sehr kurzer Reflexionszeit eine Gefahreneinschätzung nicht möglich war. Zeigt sich ein den Tod verhinderndes Verhalten (bspw. langsames Zufahren auf das Opfer) oder handelt es sich um einen spontanen Angriff aus einem dynamischen Geschehen heraus (bspw. gegenseitige Schlägerei)[81] spricht dies *in der Regel* gegen bedingten Tötungsvorsatz. Handelt der Täter hingegen mit allen ihm zur Verfügung stehenden Mitteln, führt die Angriffe mit hoher Quantität und Qualität oder ist es, wie beim Russischen Roulette, einem glücklichen Zufall[82] überlassen, ob der Tod eintritt, spricht dies für bedingten Tötungsvorsatz. Ebenso wenn gar kein weniger gefährlicher Weg erkennbar ist, um das Primärziel zu erreichen.

b) Psychischer Zustand des Täters zum Tatzeitpunkt

Der *BGH* verweist in seinen Entscheidungen beinahe textbausteinartig darauf, dass auch der psychische Zustand des Täters zum Tatzeitpunkt in die Gesamtwürdigung einzubeziehen.[83]

---

[76] BGH, Beschl. v. 27.10.2015 – 2 StR 312/15, Rn. 16.
[77] BGH, Urt. v. 5.6.2014 – 4 StR 439/13, Rn. 10.
[78] BGH, NStZ 1994, 483, 484 (Angriff auf Asylbewerberheim mit Molotowcocktails); BGH, Urt. v. 22.2.2000 – 5 StR 573/99, S. 6 (Brandanschlag auf türkischen Döner-Imbiss); BGH, Urt. v. 4.2.2010 – 4 StR 394/09, Rn. 13 f. (Inbrandsetzung Mietwohnung in Reihenhaus zur Nachtzeit).
[79] *Kudlich*, JA 2013, 152, 153.
[80] *Prittwitz*, JA 1988, 486, 499; MK-*Schneider*, § 212 Rn. 19 („Risiko einer schreckbedingten Fehlreaktion").
[81] BGH, Urt. v. 9.1.2013 – 5 StR 395/12, Rn. 9.
[82] BGH, Urt. v. 20.6.2000 – 4 StR 162/00, S. 4, 7 (Übergießen des gefesselten Liebhabers mit Benzin und „Spielen" mit dem Feuerzeug).
[83] BGH, Beschl. v. 27.10.2015 – 2 StR 312/15, Rn. 9; BGH, Beschl. v. 9.6.2015 – 2 StR 504/14, Rn. 6; BGH, Urt. v. 5.6.2014 – 4 StR 439/13, Rn. 7; BGH, Urt. v. 28.5.2013 – 2 StR 78/13, Rn. 5; BGH, Urt. v. 14.8.2014 – 4 StR 163/14, Rn. 15; BGH, Urt. v. 22.3.2012 – 4 StR 558/11, Rn. 29; BGH, Urt. v. 16.5.2013 – 3 StR 45/13, Rn. 7; BGH, Urt. v. 27.8.2009 – 3 StR 246/09, Rn. 5; BGH, Urt. v. 9.8.2005 – 5 StR 352/04, S. 8; BGH, Urt. 25.11.2010 – 3 StR 364/10, S. 5; BGH, Urt. v. 16.8.2012 – 3 StR 237/12, Rn. 7; BGH, Beschl. v. 8.5.2001 – 1 StR 137/01, S. 5; BGH, Urt. v. 23.2.2012 – 4 StR 608/11, Rn. 13.

Beispielhaft ist eine Entscheidung des *4. Strafsenats*. Die minderjährige Tochter der Ange-klagten hatte eine Liebesbeziehung mit dem späteren Tatopfer. Den Angeklagten missfiel die Beziehung und sie drängten auf eine Beendigung. Nachdem sie eine einstweilige Anordnung nach dem Gewaltschutzgesetz erwirkt hatten, beendete das spätere Opfer die Beziehung. Im Internet tauchten „intime und teilweise pornographische Fotos" der Tochter auf. Die Ange-klagten waren dadurch „zutiefst beschämt" und empfanden es als Bloßstellung ihrer gesam-ten Familie. „Sie schliefen wenig, nahmen kaum Nahrung zu sich und zogen sich von ihren Mitmenschen zurück." Im Verdacht hatten sie – zu Unrecht – den ehemaligen Freund der Tochter. Als sie von einer drohenden Veröffentlichung eines Sex-Videos hörten, suchten sie nach ihren Verdacht bestätigenden Hinweisen. Die Aussage einer Zeugin, die berichtete, dass sie gehört habe, dass der ehemalige Freund der Verantwortliche sei, genügte ihnen, um den Ex-Freund zur Rede zu stellen. Beim Anblick verlor die Ehefrau „die Kontrolle über ihre Wut" und schlug auf den ehemaligen Freund der Tochter ein. Ihr Ehemann griff daraufhin „außer sich vor Wut" und in dem Wunsch nach Vergeltung mit einem Taschenmesser in das Geschehen ein. Er stach gegen Oberkörper, Hals und Kopf des Opfers. Während das *LG Detmold* bedingten Tötungsvorsatz annahm, kassierte der *BGH* das Urteil. Das LG hatte den *psychischen Ausnahmezustand* und die *affektive Erregung* nicht hinreichend bedacht.[84]

Wie bereits dieser Fall zeigt, fordert der BGH, dass ein spontanes Handeln im Affekt[85] aber auch die alkoholische Beeinflussung (bzw. Konsum anderer Rauschmittel)[86] oder hirnorgani-sche Schädigungen[87] in die Bewertung des Vorsatzes einbezogen werden müssen.[88] Eine ein-deutige Zuordnung, wann dies vorsatzkritisch und wann vorsatzbejahend sein soll, ist den Entscheidungen nicht zu entnehmen. „Panische Angst" des Täters soll beispielsweise für be-dingten Tötungsvorsatz,[89] eine „Anpassungsstörung" – unabhängig von deren Bewertung hinsichtlich § 21 StGB – soll gegen bedingten Tötungsvorsatz sprechen.[90]

Der *3. Strafsenat* hat 2013 in einer Entscheidung deutlich gemacht – was bis dahin unklar schien – dass eine *erhebliche Alkoholisierung* und *spontane, unüberlegte Handlungen in af-fektiver Erregung* sowohl für als auch gegen bedingten Tötungsvorsatz sprechen können. Es

---

[84] BGH, Urt. v. 14.8.2014 – 4 StR 163/14, Rn. 18 ff. (im Folgenden als „*Ehrensache-Fall*" bezeichnet).
[85] BGH, Urt. v. 17.7.2013 – 2 StR 139/13, Rn. 13; BGH, Urt. v. 22.3.2012 – 4 StR 558/11, Rn. 35.
[86] BGH, Urt. v. 27.8.2009 – 3 StR 246/09, Rn. 6; BGH, Urt. v. 22.3.2012 – 4 StR 558/11, Rn. 26; BGH, Urt. v. 25.5.2007 – 1 StR 126/07, Rn. 14; BGH, Urt. v. 28.5.2013 – 3 StR 78/13, Rn. 7 (im Ergebnis ebenso, jedoch sieht der *Senat* die Alkoholisierung selbständig neben dem psychischen Zustand).
[87] BGH, Urt. v. 22.3.2012 – 4 StR 558/11, Rn. 26.
[88] BGH, Urt. v. 24.2.2010 – 2 StR 577/09, Rn. 6 (besonders geeignet „Hemmschwelle" herabzusetzen).
[89] BGH, Urt. 19.12.2013 – 4 StR 347/13, Rn. 29.
[90] BGH, Urt. v. 14.8.2014 – 4 StR 163/14, Rn. 19.

ist Aufgabe des Tatrichters eine Zuordnung vorzunehmen.[91] Der gleiche *Senat* (unter anderer Besetzung) hatte 2009 noch gemeint, dass bedingter Vorsatz durchaus naheliegen würde, wenn der Täter trotz Alkoholisierung die äußerste Gefährlichkeit seiner Handlung erkannt hat.[92] In der Konsequenz würde daraus folgen, dass es bei einem hochgradig alkoholisierten Täter (in casu 2,5‰) nur darauf ankäme, ob er die Gefährlichkeit seiner Handlung erkannt hat. Dass der Senat davon abgerückt ist, ist zu begrüßen, es zeigt jedoch die Unsicherheit im Umgang mit diesem Indiz.

Dass auch Betrachtungen zu subjektiven Elementen der Mordmerkmale (bspw. Heimtücke) in die Erwägungen zum bedingten Vorsatz einzubeziehen sind, ist – soweit ersichtlich – eine vereinzelt gebliebene Auffassung des *1. Strafsenats* aus dem Jahr 2001.[93] Sie ist abzulehnen, da der Täter auch bei einer Körperverletzung eine auf Arglosigkeit beruhende Wehrlosigkeit des Opfers ausnutzen kann (Heimtücke).[94] Das macht die Handlung mit Körperverletzungsvorsatz aber noch nicht zum versuchten Mord! Setzt der Täter sein Opfer einem planmäßig verdeckenden (hinterlistig) unvorhergesehenen Angriff (Überfall) aus,[95] um seine Chancen im Kampf zu verbessern, macht er sich einer gefährlichen Körperverletzung (§§ 223 I, 224 I Nr. 3 StGB) strafbar, bereits deshalb verbietet sich der Schluss auf einen bedingten Tötungsvorsatz, da er § 224 I Nr. 3 StGB weitgehend leerlaufen ließe.

c) Motivationslage des Täters

Ein weiteres Indiz ist die Motivation des Täters.[96] Evident ist, dass der bedingt vorsätzlich Handelnde kein Tötungsmotiv hat.[97] Kann das Tatgericht ein Tötungsmotiv feststellen, erübrigt sich die weitere vorsatzkritische Prüfung. Beim bedingten Vorsatz ist das Primärziel des Täters nämlich ein anderes. „Dies bedeutet jedoch nicht, dass dem von einem Tötungsmotiv zu unterscheidenden konkreten Handlungsantrieb [Primärziel] keine Indizwirkung für die Frage zukommt, ob der Täter mit bedingtem Tötungsvorsatz gehandelt hat oder nicht."[98]

---

[91] BGH, Urt. v. 16.5.2013 – 3 StR 45/13, Rn. 8 f.
[92] BGH, Urt. v. 27.8.2009 – 3 StR 246/09, Rn. 6.
[93] BGH, Beschl. 8.5.2001 – 1 StR 137/01, S.7.
[94] Lackner/*Kühl*, § 211 Rn. 6.
[95] Lackner/*Kühl*, § 224 Rn. 6.
[96] BGH, Urt. v. 23.2.2012 – 4 StR 608/11, Rn. 20; BGH, Beschl. v. 27.10.2015 – 2 StR 312/15, Rn. 9; BGH, Beschl. v. 9.6.2015 – 2 StR 504/14, Rn. 6; BGH, Urt. v. 28.5.2013 – 3 StR 78/13, Rn. 5; BGH, Urt. 14.8.2014 – 4 StR 163/14, Rn. 15; BGH, Urt. v. 5.6.2014 – 4 StR 439/13, Rn. 7; BGH, Urt. v. 16.5.2013 – 3 StR 45/13, Rn. 7; BGH, Urt. v. 27.8.2009 – 3 StR 246/09, Rn. 5; BGH, Urt. v. 9.8.2005 – 5 StR 352/04, S. 8; BGH, Urt. v. 25.11.2010 – 3 StR 364/10, S. 5; BGH, Urt. v. 16.8.2012 – 3 StR 237/12, Rn. 7.
[97] BGH, Urt. 19.12.2013 – 4 StR 347/13, Rn. 29; BGH, Urt. v. 23.2.2012 – 4 StR 608/11, Rn. 20; BGH, Urt. v. 30.11.2005 – 5 StR 344/05, S. 11; nicht zutreffend hingegen BGH, Beschl. v. 28.6.2005 – 3 StR 195/05, S. 3 („*U-Bahnschacht-Fall*").
[98] BGH, Beschl. v. 27.10.2015 – 2 StR 312/15, Rn. 14 (Anm. *Verf.*).

Besonders deutlich wird dies im medizinischen Bereich, in dem ein *Heilungswille* als Regelfall zu unterstellen ist.[99] Ist der Heilungswille das Primärziel, schließt das ein Billigen des Todes aus. Dass bestimmender Heilungswille und Tötungsvorsatz nebeneinander vorliegen können,[100] überzeugt nicht – Heilung und Tötung stehen sich konträr gegenüber. Unter besonderen Umständen (bspw. durch Sorge um die eigene Reputation, Vertuschungshandlungen) kann der Heilungswille jedoch hinter andere Motive zurücktreten.

In einem *„Denkzettel-Fall"*, den der *2. Strafsenat* zu entscheiden hatte, wurde der Angeklagte vom späteren Tatopfer mehrfach mit dem Tode bedroht. Er nahm diese Drohungen ernst. Als er sein späteres Opfer in seinem Wohnviertel in einer Bäckerei sitzen sah, entschied er spontan, ihm einen „Denkzettel" zu erteilen. Mit einer halbautomatischen Faustfeuerwaffe schoss er insgesamt drei Mal auf sein Opfer. Der ehemals beim türkischen Militär, nach eigenen Angaben, „hervorragende Schütze" verfehlte sein Opfer jedoch aus einer Distanz von unter 2 m. Das *LG Köln* hatte versuchten Mord (Heimtücke) angenommen. Es hatte dem „Denkzettel"-Motiv rechtsfehlerhaft jede Indizwirkung abgesprochen und es als Schutzbehauptung gewertet. Zu Recht hat der *BGH* das Urteil kassiert.[101] Nach den Sachverhaltsschilderungen sprachen neben der konkreten Angriffsweise auch die Motivationslage des Angeklagten gegen bedingten Tötungsvorsatz. Das vom LG festgestellte Szenario beschreibt eindrucksvoll eine Machtdemonstration des Angeklagten gegenüber seinem Opfer.[102] Es kam dem Angeklagten darauf an, seinem Opfer die eigene Wehrfähigkeit zu demonstrieren. Ein solches primäres Handlungsziel setzt nach richtiger Ansicht des BGH ein Überleben des Opfers voraus.[103] Dem Täter kommt es in solchen Fällen nämlich gerade darauf an, dass sein Opfer in Zukunft ein bestimmtes Verhalten nicht mehr zeigt. Dabei will der Täter sein Opfer meistens nicht bestrafen[104], sondern es ängstigen – dafür ist ein Überleben notwendig. Bei äußerst brutalen Gewalthandlungen, die schwerlich als „Denkzettel" geeignet sind, sollte der Tatrichter jedoch besonders prüfen, ob es sich um eine bloße Schutzbehauptung handelt. Will der Täter seinem Opfer „nur" eine Lektion erteilen, es aber nicht töten, muss dies auch in der konkreten Angriffsweise deutlich werden (in casu schoss der Angeklagte vorbei).[105]

---

[99] BGH, NStZ 2004, 35, 36; BGH, NJW 2011, 2895, 2897 („Berliner Schönheitschirurgen-Fall").

[100] *Krüger*, HRRS 3/2016, 148, 153 f.

[101] BGH, Beschl. v. 27.10.2015 – 2 StR 312/15, Rn. 14.

[102] Vgl. auch BGH, Urt. v. 25.11.2010 – 3 StR 364/10, Rn. 2 (Messerstich nach gegenseitiger „Schubserei" und der Drohung, das Messer einzusetzen).

[103] BGH, Beschl. v. 27.10.2015 – 2 StR 312/15, Rn. 15.

[104] BGH, Urt. v. 30.11.2005 – 5 StR 344/05, S. 11 („Bestrafungsmotiv" spricht nicht gegen dolus eventualis).

[105] Kritisch dazu auch *Trück*, NStZ 2005, 233, 236 (auch eine „endgültige Lektion" sei denkbar).

Gegen bedingten Tötungsvorsatz spricht u. a. auch, wenn sich der Täter gegen weitere erwartete Angriffe seines späteren Opfers zur Wehr setzen und mit seiner Handlung lediglich das eigene *Ausscheiden aus der direkten Konfrontation ermöglichen* will.[106] Schließlich könnte der Täter sich auch gegen einen Rückzug und für einen Kampf entscheiden. Wenn der Täter sein Opfer *ausrauben* und er es dazu „*außer Gefecht*" setzen will, scheint der *BGH* die Auffassung zu vertreten, dass dies ebenso gegen bedingten Tötungsvorsatz spricht.[107]

Ist das Motiv des Täter hingegen, einen *Kampf zu gewinnen*, weil er bei einer vorangegangenen Schlägerei den Kürzen gezogen hat,[108] spricht dies für einen bedingten Tötungsvorsatz. Des Weiteren spricht auch dafür, wenn es dem Täter nur auf seinen eigenen *Spaß* ankommt,[109] er aus *Fremdenhass und Ausländerfeindlichkeit*[110] oder *zur Befriedigung seines Geschlechtstriebes* handelt,[111] da es dafür regelmäßig nicht notwendig ist, dass das Opfer überlebt – vielmehr ist es in diesen Fällen egal, was mit dem Opfer passiert. Im „*Analplug-Fall*" war es bspw. zur Lustbefriedigung unerheblich, ob das Opfer dabei verstirbt.

Die Handlungsmotive können, wie gezeigt, unter Umständen Rückschlüsse auf die Bereitschaft des Täters geben, sein Primärziel, auch um den Preis eines Menschenlebens, zu erreichen. Die Motivationslage als subjektiver Tatumstand ist sogar eines der ausschlaggebendsten, zugleich aber auch eines der am schwersten festzustellenden Indizien.

d) Persönlichkeit des Täters/Einstellung des Täters zu Gewalt

Auch die Persönlichkeit des Täters kann einen Rückschluss auf das Vorliegen des voluntativen Elements haben.[112] In der Weite, die der Begriff der „Persönlichkeit" aufweist, ist er jedoch nahezu unanwendbar und dem berechtigten Vorwurf *Puppe*s ausgesetzt, dass er zu einer unterbleibenden „gesinnungs- und charakterstrafrechtliche[n] Ausrichtung des Billigens im Rechtssinne"[113] beiträgt. Er bedarf daher einer Konkretisierung.

---

[106] Vgl. BGH, Urt. v. 16.8.2012 – 3 StR 237/12, Rn. 2.
[107] Vgl. BGH, Beschl. v. 9.6.2015 – 2 StR 504/14, Rn. 7 (Schläge mit einem Fäustel); BGH, NStZ 1994, 585 („*Bierflaschen-Fall*", Schlag mit einer Bierflasche auf den Kopf, dem Täter war „alles scheißegal").
[108] Vgl. BGH, Urt. v. 22.3.2012 – 4 StR 558/11, Rn. 6 ff.; BGH, Urt. v. 24.2.2010 – 2 StR 577/09, Rn. 3; BGH, Urt. v. 19.12.2013 – 4 StR 347/13, Rn. 27.
[109] Vgl. BGH, Urt. v. 5.6.2014 – 4 StR 439/13, Rn. 2 (Lust Gullyroste von einer Autobahnbrücke zu werfen).
[110] BGH, Urt. v. 30.3.2004 – 5 StR 410/03, S. 6 (Motivbündel aus Lust an Gewalt, Menschenverachtung und Fremdenhass); BGH, Urt. v. 22.2.2000 – 5 StR 573/99, S. 7 (Brandanschlag auf türkischen Döner-Imbiss).
[111] BGH Urt. v. 4.8.2004 – 5 StR 134/04, S. 5.
[112] BGH, Urt. v. 13.12.2005 – 1 StR 410/05; BGH, Beschl. v. 1.6.2007 – 2 StR 133/07, Rn. 6 (Tötung d. „grundsätzlich erwünscht[en]" Kindes); BGH, Urt. v. 17.7.2007 – 5 StR 92/07, Rn. 16 („vollständige Abwesenheit eines moralischen Wertesystems"); BGH, Urt. v. 25.11.2010 – 3 StR 364/10, S. 5 f.; BGH, Urt. v. 16.8.2012 – 3 StR 237/12, Rn. 7; BGH, Beschl. v. 9.6.2015 – 2 StR 504/14, Rn. 6; BGH, Beschl. v. 27.10.2015 – 2 StR 312/15, Rn. 9.
[113] NK-*Puppe*, § 15 Rn. 96.

16

Der 2. *Strafsenat* hat treffend ausgearbeitet, dass auf „das Verhältnis [des Angeklagten] zur Anwendung körperlicher Gewalt zur Durchsetzung seiner Handlungsziele sowie seiner Fähigkeit zur Kontrolle aggressiver Impulse"[114] einzugehen ist. In dieser Hinsicht ist es ein taugliches Indiz auch wenn das Schlagwort „Persönlichkeit" u. a. im Hinblick auf die Bedeutung für die Strafzumessung (§ 46 StGB) unglücklich gewählt ist. Die *Risikobereitschaft* und die *Einstellung des Täters gegenüber Gewalt*[115] sowie die *Erfahrungen mit Gewalt und Gewaltkenntnisse* erlauben einen Rückschluss auf das voluntative Element. Bei jugendlichen Tätern hat der 4. *Strafsenat* nicht beanstandet, dass das *LG Halle* gegen bedingten Tötungsvorsatz auch „das *Alter*, die mangelnde *Lebenserfahrung*, die hohen Defizite der Angeklagten auf ethischem Gebiet und die sonstigen *Persönlichkeitsakzentuierungen*" angeführt hat.[116]

Beispielhaft für diese Indizkategorie ist eine Entscheidung des 5. *Strafsenats*. Der Angeklagte betrieb seit Jahren hormongestütztes Bodybuilding. Zudem führte er eine „Kur für Qualitätsmuskulatur" durch. In diesem Rahmen nahm er wöchentlich Hormonpräparate, in der für die Bodybuilderszene doppelten sonst üblichen Dosis, zu sich. Er erreichte einen übermäßigen Aufbau der Arm-, Brust- und Schultermuskeln und wog aufgrund der Muskelmasse 120 kg (bei 1,85 m Körpergröße). „Der Hormonmissbrauch führte auch zu einer Wesensveränderung des Angeklagten. Sein *Aggressions- und Durchsetzungsverhalten* steigerte sich deutlich und führte zu einem übermäßigen *Dominanzstreben*."[117] Trotz Warnungen besuchte er die Diskothek „M1", in der eine aggressive Stimmung herrschte. Es kam vorhersehbar zu einem Streit zwischen mehreren Parteien („Ich ficke deine Mutter, ich stech dich ab, du Schwein"). Vor dem „M1" eskalierte der Streit. Der Angeklagte stach u. a. eines der Opfer mittels eines Messers mit einer Schwingbewegung in den Nacken. Die Klinge drang bis in das Rückenmark durch, das Opfer sackte sofort zusammen und ist seitdem halbseitig gelähmt. Das *LG Berlin* verneinte einen bedingten Tötungsvorsatz, der *Senat* kassierte das Urteil. Er wies darauf hin, dass der Angeklagte durch die übermäßige Zuführung männlicher Sexualhormone sein Wesen dahingehend dauerhaft verändert hat, dass dies „in besonderem Maß geeignet ist, wenigstens in aggressionsträchtigen Situationen schon ohne alkoholbedingte Enthemmung das Risiko einer Verletzung erheblicher Rechtsgüter Dritter zu steigern."[118]

Verallgemeinernd lässt sich festhalten: Hat der Täter eine generelle Abneigung zum Einsatz äußerster körperlicher Gewalt zur Konfliktlösung, spricht dies gegen bedingten Tötungsvor-

---

[114] BGH, Beschl. v. 27.10.2015 – 2 StR 312/15, Rn. 16.
[115] BGH, Beschl. v. 1.6.2007 – 2 StR 133/07, Rn. 7 f.; BGH, Urt. v. 16.8.2012 – 3 StR 237/12, Rn. 9.
[116] BGH, Urt. v. 13.1.2005 – 4 StR 469/04, S. 15 (Hervorh. *Verf.*, Urt. bedenklich mit Blick auf § 3 S. 1 JGG).
[117] BGH, Urt. v. 9.8.2005 – 5 StR 352/04, S. 5. (Hervorh. *Verf.*)
[118] BGH, Urt. v. 9.8.2005 – 5 StR 352/04, S. 11.

satz.[119] Ist er es hingegen gewohnt, Konflikte gewaltsam auszutragen und neigt er zu aggressiven Handlungsimpulsen spricht dies für das Vorliegen bedingten Tötungsvorsatzes.[120]

e) Weitere Indizien/„offener" Indizienkatalog

Da jeder Sachverhalt umfassend gewürdigt werden muss und auf die jeweiligen Besonderheiten des Falles einzugehen ist, kann es weitere Indizien geben, die keiner der explizit vom BGH genannten Kategorien zugeordnet werden können („offener" Indizienkatalog).[121] Dies ergibt sich bereits daraus, dass der Schluss auf bedingten Tötungsvorsatz nur rechtsfehlerfrei ist, wenn der Tatrichter in seine Erwägungen *alle* Tatumstände einbezogen hat[122] und nicht alle möglichen Fallgestaltungen im Vorfeld bedacht werden können.

In dem bereits geschilderten „*Ehrensache-Fall*" setzte der Angeklagte alsbald nach der Tat einen Notruf ab. Der *BGH* bemängelte, dass sich das LG Detmold mit dem *Nachtatverhalten* nicht hinreichend auseinander gesetzt hatte.[123] Dieses kann *in engen Grenzen* einen Rückschluss auf den subjektiven Tatbestand ermöglichen. Insbesondere *Rettungsaktivitäten* können zusammen mit weiteren Tatumständen Indiz zur Entscheidung der Vorsatzfrage sein. Zu beachten ist jedoch, dass „nachträgliches Bedauern und Rettungsversuche [...] nur bedingt etwas über die innere Haltung des Täters *im Tatzeitpunkt* aus[sagen], da sie nicht selten auf einer spontanen Ernüchterung beruhen und mit Blick auf die Tatfolgen von der Sorge um das eigene Wohl geleitet sind."[124] Auch ein manifestierter „*Vermeidewillen*" kann im Einzelfall indiztauglich sein[125] und gegen bedingten Tötungsvorsatz sprechen, er kann aber auch „verbrecherisch-strategisches Kalkül"[126] sein. Es kommt entscheidend darauf an, von welcher Qualität die Handlungen zur Erfolgsvermeidung sind.

---

[119] BGH, Urt. v. 25.11.1987 – 3 StR 449/87, JurionRS 1987, 16700, Rn. 3, 7 („zärtlicher, einfühlsamer" Vater); BGH, Urt. v. 16.8.2012 – 3 StR 237/12, Rn. 3 („generelle[s] Vorhandensein einer Hemmschwelle zur Tötung").
[120] BGH, Urt. v. 13.12.2005 – 1 StR 410/05, S. 15.
[121] *Hassemer*, in: GS Kaufmann, 289, 307 dagegen für einen „geschlossenen" Katalog NK-*Puppe*, § 15 Rn. 98.
[122] BGH, Beschl. v. 1.6.2007 – 2 StR 133/07, Rn. 6 ff.
[123] BGH, Urt. v. 14.8.2014 – 4 StR 163/14, Rn. 19.
[124] BGH, Urt. v. 23.2.2012 – 4 StR 608/11, Rn. 18 (Hervorh. *Verf.*) so auch BGH, Urt. v. 20.6.2012 – 5 StR 514/11, Rn. 15; *Lohmann*, NStZ 2015, 580, 581.
[125] *Prittwitz*, JA 1988, 486, 499; *Frisch*, in: FS Meyer, 533, 538.
[126] *Hassemer*, in: GS Kaufmann, 289, 292.

Für bedingten Tötungsvorsatz kann es sprechen, wenn das (noch nicht für tot gehaltene) Opfer in einer *hilflosen Situation* weiteren Gefahren ausgesetzt wird und damit seinem Schicksal überlassen wird.[127] Auch die *Selbstschutzmöglichkeiten* des Opfers sind einzubeziehen.[128]

Äußerungen des Täters können ebenso in der Würdigung berücksichtigt werden.[129]

Der Tatrichter hat jeden Tatumstand auf seine Geeignetheit zur Beurteilung der Vorsatzfrage zu prüfen. Erforderlich für die Indiztauglichkeit sind Beobachtbarkeit, Dispositionsrelevanz und Vollständigkeit.[130]

---

[127] BGH, Urt. v. 30.3.2004 – 5 StR 410/03, S. 12 (bedenkenloses Verlassen des Opfers in „verschärfter eklatant hilfloser Situation"); BGH, Beschl. v. 7.11.2002 – 3 StR 216/02, S. 7 (Ablegen des halb entkleideten Opfers zwischen Bordsteinkante und einem geparktem Auto bei einer Temperatur um 0°C).

[128] BGH, StV 1982, 509 („Polizeisperren-Fall"); BGH, Urt. v. 9.10.2003 – 4 StR 127/03, S. 6 f. (Mitschleifen des Opfers mit dem PKW); BGH, Urt. 30.5.2000 – 4 StR 90/00, S. 6 (Opfer hielt sich an Fahrzeugtür fest, hatte es in der Hand, „durch bloßes Loslassen das spätere Unfallgeschehen zu vermeiden").

[129] BGH, Urt. v. 22.3.2012 – 4 StR 558/11, Rn. 36 („Verreck´, du Hurensohn") dazu Anm. *Mandla*, NStZ 2012, 695, 696 vgl. auch BGH, Urt. v. 9.8.2005 – 5 StR 352/04, S. 5 („Ich ficke deine Mutter, ich stech dich ab, du Schwein").

[130] *Hassemer*, in: GS Kaufmann, 289, 304; *Volk*, in: FG BGH, Bd. IV, 739, 743.

IV. Einzelne Kritikpunkte an der Rechtsprechung des BGH

1. Sog. „Hemmschwelle" vor der Tötung eines Menschen

Lange Zeit hat sich die Rechtsprechung zur Abgrenzung bedingten Vorsatzes von bewusster Fahrlässigkeit eines nicht existierenden Erfahrungssatzes, einer sog. „Hemmschwelle", bedient.[131] Demnach sollte trotz einer gefährlichen Gewalthandlung geprüft werden, ob der Täter die hohe oder gar „höchste Hemmschwellen"[132] vor der Tötung eines anderen Menschen überschritten hat. In neuerer Rechtsprechung hat der BGH die – von ihm erfundene[133] – „Hemmschwellentheorie" geleugnet[134] und darauf verwiesen, dass es auf eine Gesamtbetrachtung aller subjektiven und objektiven Tatumstände ankommt.[135] Den Begriff der „Hemmschwelle" hat der BGH nie näher erläutert. Es stellt sich die Frage, ob es vor der Begehung eines Diebstahls, einer Körperverletzung oder eines Sexualdelikts keine „Hemmschwelle(n)" gibt und wenn doch,[136] um wie viel die Hemmschwelle bei Tötungsdelikten „erhöht" sein soll. Sie stellt lediglich ein weiteres sprachliches Mittel dar, welches in der Beweiswürdigung keinen Mehrwert bringt. Es ist zu begrüßen, dass der BGH der „Hemmschwelle" in seiner aktuellen Rechtsprechung keine über ein stilistisches Mittel hinausgehende inhaltliche Bedeutung beimisst. Daher soll darauf nicht weiter eingegangen werden.

2. Berücksichtigung von Strafzumessungsaspekten auf der Vorsatzebene

a) Nachtatverhalten

Das *Nachtat*verhalten kann – entgegen der Auffassung des BGH – keinen Rückschluss auf den Vorsatz, der *zum Zeitpunkt der Tatbegehung* vorliegen muss, erlauben. Dass der Täter nach der Tat, erschrocken über seine eigene Handlung, bei der Vernehmung zusammenbricht[137] oder die Polizei bzw. Rettungskräfte verständigt,[138] lässt keinen Rückschluss auf die subjektiven Vorstellungen des Täters zum Zeitpunkt der zum Tod führenden Handlung zu. Wenn der Täter im Nachhinein behauptet, er habe das so nicht gewollt, meint er damit regelmäßig nicht, dass er die zum Tod führende Handlung nicht wollte, sondern, dass er die Tat, wenn er es könnte, rückgängig machen würde. Genau dies ist aber auf der Strafzumessungsebene (§ 46 II S. 2 StGB) zu berücksichtigen und nicht als Vorsatzausschließungsgrund zu-

---

[131] BGH, StV 1982, 509 („Hemmungsschranke"); BGH, Urt. v. 24.2.2010 – 2 StR 577/09, Rn. 6.

[132] BGH, Beschl. v. 1.6.2007 – 2 StR 133/07, Rn. 7.

[133] Dies gesteht entgegen des BGH *Rissing-van Saan*, in: FS Geppert, 497, 498.

[134] *Puppe*, ZIS 2/2014, 66, 67 („Preisgabe des Hemmschwellentopos") dagegen *Fischer*, ZIS 3/2014, 97, 98 (Behauptung sei „zumindest kühn").

[135] BGH, Urt. v. 22.3.2012 – 4 StR 558/11, Rn. 31 ff.; BGH, Urt. v. 5.6.2014 – 4 StR 439/13, Rn. 9

[136] BGHSt 36, 1, 15; BGH, StV 1982, 509; MK-*Schneider*, § 212 Rn. 54.

[137] BGH, Urt. v. 16.8.2012 – 3 StR 237/12, Rn. 3.

[138] BGH, Urt. v. 14.8.2014 – 4 StR 163/14, Rn. 19.

lässig. In *sehr seltenen Fällen* können Rettungsbemühungen, die auf Grund einer *unerwarteten* schweren Folge der Handlung, unverzüglich eingeleitet werden, schwaches Indiz gegen bedingten Tötungsvorsatz sein, wenn der Täter trotz einer für beherrschbar gehaltenen Handlung, die sich auch in der Angriffsweise zeigen muss, von der Todesgefahr überrascht wird.

Lässt der Täter sein schwer verletztes, aber nicht für tot gehaltenes, Opfer zurück, spricht dieses Verhalten dafür, dass es dem Täter *ab diesem Zeitpunkt* gleichgültig ist,[139] ob sein Opfer verstirbt. Ein Rückschluss auf einen früheren Zeitpunkt ist auch in diesem Fall nicht möglich und ein Verstoß gegen das Koinzidenzprinzip. Besteht eine Garantenstellung aus Ingerenz sollte der Tatrichter jedoch einen (versuchten) Totschlag durch Unterlassen prüfen.[140]

b) „Ausländerhass" und „Persönlichkeit"

In einem vom *5. Strafsenat* zu entscheidenden Fall, hatten insgesamt 5 Angeklagte einen aus Mosambik stammenden Mann mehr als eine Stunde mit Schlägen und Tritten u. a. im Kopf- und Brustbereich körperlich schwer misshandelt und ihn genötigt sich zu entkleiden. Sie verachteten ihn auf Grund seiner Herkunft und hatten ihm bereits mehrfach mit dem Tode gedroht. Das *LG Potsdam* verurteilte die Angeklagten u. a. wegen versuchten Mordes (niedrige Beweggründe). Der *Senat* verwarf, entgegen den Bedenken des Generalbundesanwalts am Vorliegen des bedingten Tötungsvorsatzes, die Revision der Angeklagten. Die festgestellte Tatmotivation des *Ausländerhasses*, die das Handeln bestimmte, sei „ergänzendes, insoweit hinreichend aussagekräftiges Indiz für eine Erleichterung der Überwindung der hohen Hemmschwelle zum Tötungsvorsatz."[141] Beachtung fand neben der fremdenfeindlichen Motivation nur die äußerste Gefährlichkeit der Gewalthandlung. Dies mag daran liegen, dass der BGH 2003 noch der „Hemmschwellentheorie" verfallen war und dementsprechend seine Entscheidung für einen bedingten Tötungsvorsatz eben darin zu begründen versuchte.

Nach den bisherigen Ausführungen muss diesem Urteil, auch wenn es i. E. richtig ist,[142] entgegengetreten werden, da es eine Gesamtwürdigung vermissen lässt und eine nicht überzeugende Doppelverwertung des Merkmals „Ausländerhass" vorliegt. Berücksichtigt man „Ausländerhass" zum Vorsatznachweis, wird dieser Umstand in das Tatbestandsmerkmal „vorsätzlich" (§ 15 i. V. m. § 212 I StGB „Tötungsvorsatz") gewissermaßen inkorporiert. Im Bereich der Tötungsdelikte wird Ausländerhass gem. § 46 III StGB nicht bei der Strafzumes-

[139] BGH, Urt. 30.3.2004 – 5 StR 410/03, S. 13 f. (erkannt, aber nur als Beleg für beendeten Versuch angesehen).
[140] BGH, Urt. v. 7.11.1991 – 4 StR 451/91, JurionRS 1991, 11799, Rn. 9 ff. (Unfallflucht);BGH, Urt. v. 16.2.2000 – 2 StR 582/99, S. 6 ff. (Messerstiche gegen entwaffneten Angreifer); BGH, Urt. v. 13.1.2005 – 4 StR 469/04, S. 15 f. (Zurücklassen d. „offensichtlich schwer verletzten" ausgeraubten Opfers).
[141] BGH, Urt. v. 30.3.2004 – 5 StR 410/03, S. 12.
[142] Für dolus eventualis sprachen u. a. konkrete Angriffsweise (mehr als einstündige Misshandlung).

sung berücksichtigt, da in diesem Bereich menschenverachtende Beweggründe als niedrige Beweggründe *strafbarkeitsbegründend[143]* (Mord) wirken[144] und eine Doppelverwertung verboten ist. Es fragt sich dann jedoch, welche Bedeutung die seit 1.8.2015[145] sogar *ausdrücklich* strafbarkeitsschärfenden rassistischen, fremdenfeindlichen oder sonstigen menschenverachtenden Beweggründe und Ziele des Täters bei Gewaltdelikten haben sollen (§ 46 II S. 2 StGB). Denn wenn sie vorliegen, sprechen sie, nach Ansicht des BGH, für die Annahme bedingten Tötungsvorsatzes, führen dann aber *zwangsläufig* zum (versuchten) Mord, denn „Tötungsvorsatz" plus Ausländerhass als niedriger Beweggrund, der neben anderen Motiven regelmäßig prägend ist, erfüllt den subjektiven Tatbestand des Mordes. Tötungsvorsatz setzt sich aus einem Körperverletzungsvorsatz und einem „Plus" zusammen. Die Konsequenz ist, wer sein Opfer aus Ausländerhass körperlich schwer misshandelt, wird regelmäßig wegen versuchtem Mord bestraft. Das führt dazu, dass zu einem Körperverletzungsvorsatz hinzutretende niedrige Beweggründe nicht strafschärfend auf Strafzumessungsebene berücksichtigt werden, sondern stattdessen strafbarkeitsbegründend für Tötungsvorsatz und damit verbunden für einen versuchten Mord sprechen.

Die Rechtsprechung verkennt, dass Ausländerhass als niedriger Beweggrund ein „Plus" zum Tötungsvorsatz ist und nicht in diesen inkorporiert werden kann. Er muss selbst anhand von Indizien nachgewiesen werden. Im Umkehrschluss kann er nicht für Wissen und Wollen der „Tötung eines Menschen" sprechen. Würde dies möglich sein, dann müsste es im Ergebnis einen (versuchten) Totschlag aus menschenverachtenden Gründen geben – dass es nur einen (versuchten) Mord aus menschenverachtenden Gründen (niedrige Beweggründe) gibt, zeigt die Ungeeignetheit des Indizes. Auch wenn die Rechtsprechung Mord als selbstständiges Delikt ansieht, so ist darin doch ein Tötungsvorsatz und ein Mordmerkmal enthalten. Wenn Ausländerhass nun aber in den Tötungsvorsatz inkorporiert wird und dann nochmals innerhalb des selben „Mord-Vorsatzes" als Mordmerkmal verwertet wird, ist das eine nicht nachvollziehbare Doppelverwertung. Zwar ist sie nicht nach § 46 III StGB verboten, es ist jedoch Sinn und Zweck des Doppelverwertungsverbots Merkmale nicht zuungunsten des Angeklagten mehrfach zu verwerten.[146] Zudem schließt die Ansicht des BGH weitergehend eine aus menschenverachtenden Motiven begangene Körperverletzung aus. Damit haben menschenverachtende Beweggründe bei der Strafzumessung bei Gewalt- und nicht nur bei Tötungsde-

---

[143] § 211, § 212 selbständige Tatbestände in Rspr., BGH, Urt. v. 26.1.2000 – 3 StR 410/99, Rn. 11.

[144] BGH, NJW 2000, 1583; BT-Drs. 18/3007, S. 16; MK-*Schneider*, § 211, Rn. 90; *Fischer*, § 211, Rn. 21a, 27.

[145] Gesetz zur Umsetzung von Empfehlungen des NSU-Untersuchungsausschusses des Deutschen Bundestages vom 12.6.2015, BGBl. I, S. 925 (in Kraft getreten am 1.8.2015).

[146] BGH, StV 1997, 519 (Doppelverwertungsverbot gilt auch für sonstige unrechts- und schuldbegründende Merkmale).

likten keinen Anwendungsbereich mehr, aber genau dort verortet sie der Gesetzgeber.[147] Dass Ausländerhass ein Beweggrund für einen Diebstahl ist, ist wohl sehr selten. Wenn dieses Merkmal als „Indiz" für bedingten Tötungsvorsatz verwertet wird, wird die Gesinnung der Täter auf Umwegen zur Strafbarkeitsbegründung herangezogen. Durch die Verlagerung in den Vorsatz kommt es zu einer Strafrahmenverschiebung, die es ermöglicht, den Täter besonders hart zu bestrafen. Ein gefährliches Abdriften in ein Gesinnungsstrafrecht. Verhindern lässt sich dies nur, wenn eine menschenverachtende Motivation da gewürdigt wird, wo sie hingehört: beim Mordmerkmal der niedrigen Beweggründe und nicht beim Tötungsvorsatz.

3. Systembruch durch Vorsatz-Einschränkungen in psycho-physischen Ausnahmesituationen

Der *3. Strafsenat* hat in einer Entscheidung angenommen, dass bedingter Vorsatz naheliegt, wenn der Täter trotz seiner Alkoholisierung die Lebensgefährlichkeit der gegen Kinn- und Halspartie geführten Messerstiche erkennt. Das *LG Hannover* nahm bei einer BAK von 2,5‰ eine erheblich verminderte Schuldfähigkeit an (§ 21 StGB) und verneinte bedingten Tötungsvorsatz.[148] Die Entscheidung des *Senats* ist widersprüchlich, da die Alkoholisierung erst dazu dienen soll, den Täter zu bestrafen, um dann aufgrund dieser Alkoholisierung die Strafe zu mildern.[149] Wenn die Alkoholisierung des Täters auf der Ebene des Vorsatzes und der Schuld geprüft wird, führt dies in casu zu einer gegenläufigen Doppelverwertung.[150]

Im „*Ehrenmord-Fall*" nahm der *4. Strafsenat* an, dass bei der Gesamtwürdigung auch die „'Anpassungsstörung' – *unabhängig von deren Bewertung unter dem Gesichtspunkt des § 21 StGB*"[151] – zu beachten sei. Neben einer Erkenntnisbeeinträchtigung könne der Täter auch zu einer unzutreffenden Beurteilung der Lebensgefahr kommen. Dies führt zu einer Berücksichtigung eines Schuldmerkmals bereits im Vorsatz. Es ist eine Umgehung der Grenze des § 21 StGB – die der *Senat* sogar offen anspricht, sich jedoch nicht daran stört – um durch die tatbestandliche Verschiebung auf § 227 bzw. § 224 StGB zu einer Strafmilderung zu gelangen, die bei den Regelstrafrahmen der §§ 211, 212 StGB nicht möglich wäre.[152]

In einem Fall, den der *2. Strafsenat* zu entscheiden hatte, beobachtete das spätere Opfer vom Fenster aus, wie der Angeklagte und ein Mitangeklagter einen Jugendlichen gegen 2:45 Uhr mittels Schlägen angriffen. Das spätere Opfer nahm (irrtümlich) an, dass der Jugendliche in

---

[147] BT-Drs. 18/3007, S. 7.
[148] BGH, Urt. v. 27.8.2009 – 3 StR 246/09, Rn. 6.
[149] Dieses Problem erkennt BGH, Urt. v. 17.7.2013 – 2 StR 139/13, Rn. 13.
[150] *Trück*, NStZ 2005, 233, 237.
[151] BGH, Urt. 14.8.2014 – 4 StR 163/14, Rn. 19 (Hervorh. *Verf.*).
[152] *Trück*, NStZ 2005, 233, 237.

Lebensgefahr schwebe und eilte ihm zur Hilfe. Der Angeklagte bedrängte ihn aggressiv, woraufhin dieser der Auseinandersetzung ausweichen wollte – die Polizei war bereits verständigt. Der Angeklagte setzte ihm jedoch nach und bedrängte ihn körperlich. Nachdem das spätere Opfer ihn wegschubste, schlug ihm der Angeklagte mit der Faust ins Gesicht. Der Mitangeklagte beteiligte sich. Beide schlugen auf Kopf und Oberkörper ein und schrien u. a. „Ich stech´ dich ab." Der Mitangeklagte war mit einem Malerspachtel bewaffnet, den er jedoch nicht einsetzte. Der Angeklagte befürchtete auf Grund der Gegenwehr zu unterliegen, holte sein Messer hervor, klappte es unbemerkt auf, zog sein Opfer am Hemd zu sich und stach sofort von unten nach oben in die rechte Flanke. Das Opfer flüchtete. Der Angeklagte setzte ihm nach, konnte es aber nicht mehr einholen. Das *LG Frankfurt* erkannte die sehr gefährliche Tathandlung (der Stich verletzte sogar die Leber), die konkrete Angriffsweise (ein ungezielter Stich), die affektive Erregung (bereits mehrere Schlägereien in dieser Nacht) und die Alkoholisierung des Täters, konnte sich von einem bedingten Tötungsvorsatz jedoch nicht überzeugen.[153] Der *2. Strafsenat* hob das Urteil dennoch auf, da das LG die Indizien nicht zutreffend eingeordnet und beurteilt hätte: „Weder eine erhebliche Alkoholisierung noch gar ein Handeln in affektiver Erregung und aufgrund spontanen Entschlusses sprechen gegen das Vorliegen von Tötungsvorsatz zum Handlungszeitpunkt; vielmehr sind diese Umstände nach *sicherer Erfahrung* gerade besonders geeignet, die Hemmschwelle auch für besonders gravierende Gewalthandlungen herabzusetzen."[154] Eine solche „sichere Erfahrung" gibt es nicht. Zwar haben Alkohol und andere Rauschmittel *tendenziell* enthemmende Wirkung,[155] es obliegt jedoch dem Tatrichter, im Bereich der affektiven Erregung und Alkoholisierung im Einzelfall zu entscheiden, ob diese Indizien, soweit sie überhaupt verwertbar sind, für oder gegen Tötungsvorsatz sprechen. Das LG wertete sie vorsatzkritisch, zudem sprach auch die konkrete Angriffsweise gegen Tötungsvorsatz. Von der Alternativhypothese, dass die Tat mit bedingtem Tötungsvorsatz ausgeführt wurde, konnte sich das LG nicht überzeugen. Der *2. Strafsenat,* der noch der Vorstellung von der Erforderlichkeit der Überschreitung einer „Hemmschwelle" anhing, hat die zutreffend erkannten Indizien *anders gewertet* und, um den Schein zu wahren, dass er die Beweiswürdigung des Tatgerichts nicht durch die eigene ersetzt, eine „sichere Erfahrung" unterstellt und damit einen zwingenden Schluss hinsichtlich der Würdigung des Indizes ermöglicht[156] – wohl mit Blick auf die Zivilcourage des Opfers.

---

[153] BGH, Urt. v. 24.2.2010 – 2 StR 577/09, Rn. 4.
[154] BGH, Urt. v. 24.2.2010 – 2 StR 577/09, Rn. 6 (Hervorh. *Verf.*).
[155] LK-*Vogel*, § 15 Rn. 140; MK-*Schneider*, § 212 Rn. 55; *Roxin*, AT I, § 12 Rn. 81.
[156] In einem *hinsichtlich der Indizien* ähnlich gelagerten Fall vom *3. Strafsenat* richtig erkannt BGH, Urt. v. 25.11.2010 – 3 StR 364/10, Rn. 5 f.

Schneider spricht in diesen Fällen von einer „euphorischen Bagatellisierung"[157] der Gefahr, die zum Ausschluss des kognitiven Elements führen kann. Dieses Schlagwort mag sich gut lesen, doch es muss – wie es *Schneider* auch erkennt – anhand von äußeren Umständen, eben durch jene Indizien, die auch zum Vorsatznachweis dienen, belegt werden. Fraglich ist schon, ab welchem Alkoholisierungsgrad der Täter nicht mehr zu einer sachgerechten Einschätzung der Lage fähig sein soll. Im Gegensatz zu den in der Rechtsprechung entwickelten BAK-Werten, ab denen eine verminderte Schuldfähigkeit/Schuldunfähigkeit zu prüfen ist, finden sich in den Entscheidungen zum Vorsatz keine derartigen Anhaltspunkte. Entweder der Täter erkennt trotz seiner Alkoholintoxikation, dass er mit massiver Gewalt gegen sein Opfer vorgeht oder er erkennt in dieser Situation *gar nichts* mehr.[158] Dann käme nur eine Strafbarkeit wegen Vollrauschs (§ 323a StGB) in Betracht, wenn er zumindest noch die Fähigkeit besitzt, seine Körperkraft für bestimmte Zwecke einzusetzen.[159] Dass der Täter die Folgen seiner Handlungen überhaupt nicht mehr erkennt, zieht der BGH jedoch gar nicht in seine Betrachtungen ein. Will man Abstufungen dazwischen vornehmen, begibt man sich auf so unsicheres und spekulatives Terrain, dass man auf dieses Indiz gleich ganz verzichten sollte. Jenseits der *Erkenntnisunfähigkeit* lässt die Alkoholisierung keine Schlüsse auf den Vorsatz zu.[160]

Für den Affekt gilt nichts anderes. Er *kann* zu einem „Tunnelblick" führen, in dem das Bewusstsein des Täters eingeschränkt ist und dieser nicht mehr alle Tatumstände erfasst. In diesem Zustand kann das kognitive Vorsatzelement entfallen, wenn der Grad der affektiven Erregung so groß ist, dass der Täter nicht mal mehr den möglichen Tod des Opfers erkennt, weil er – nur noch sein Primärziel vor Augen – alles um sich herum ausblendet.[161]

Psycho-physische Ausnahmesituationen können somit nur für *Zweifel am kognitiven Element* des Vorsatzes sprechen, jedoch keinen weitergehenden Schluss zulassen. Erkennt der Täter trotz dieser Ausnahmesituationen die Möglichkeit, dass sein Opfer durch die Misshandlung zu Tode kommen könnte, können diese Indizien nicht noch dafür verwertet werden, Rückschlüsse auf den voluntativen Bereich zu ziehen.[162] Im „*Lederriemen-Fall*" störte sich der *BGH* zu Recht nicht an der affektiven Erregung. Auch in einer aktuelleren Entscheidung des *5. Strafsenats* hatte der Konsum von Alkohol und Rauschgift bei 31 Messerstichen

---

[157] *Schneider*, NStZ 2005, 629, 630.
[158] Vgl. *Trück*, NStZ 2005, 233, 237.
[159] Vgl. zum „natürlichen Vorsatz" BGHSt, 1, 124, 126 f.; Lackner/*Kühl*, § 323a, Rn. 7., § 15 Rn. 31.
[160] Vgl. *Trück*, NStZ 2005, 233, 236; *Roxin*, AT I, § 12 Rn. 81.
[161] Vgl. BGHSt 6, 329, 332; 11, 20, 23; BGH, Beschl. v. 10.9.2003 – 5 StR 373/03, S. 4 f. (hinsichtlich fehlendem Bewusstseins bzgl. Mordmerkmale); *Roxin*, AT I, § 12 Rn. 130.
[162] *Puppe*, ZStW 103 (1991), 1, 16 (hinsichtlich des Affekts); *Trück*, NStZ 2005, 233, 238 (hinsichtlich der Alkoholisierung); *Lohmann*, NStZ 2015, 580, 581 f.

und -schnitten gegen das Opfer, welches den Angeklagten nachts nach einem Gaststättenbesuch nach Hause fuhr, keine Auswirkungen auf den Vorsatz.[163] Durch §§ 20, 21 StGB wird der Alkoholisierung und der Handlung im Affekt auf der Schuldebene hinreichend Rechnung getragen.[164] Im Übrigen können Besonderheiten des Einzelfalls im Rahmen der Strafzumessung berücksichtigt werden ohne Vorsatz- und Schuldaspekte zu vermischen.

---

[163] BGH, Urt. v. 15.1.2003 – 5 StR 223/02, S. 5.
[164] *Fahl*, NStZ 1997, 392; *Trück*, NStZ 2005, 233, 239.

V. Zusammenfassung und Lösungsvorschlag[165]

Die objektive Lebensgefährlichkeit der Tathandlung ist Ausgangspunkt für die Beurteilung des bedingten Tötungsvorsatzes. Das Bewusstsein des Täters über eine schwere körperliche Misshandlung des Opfers ist jedoch allein noch nicht ausreichend. Entscheidend für die Bejahung oder Verneinung bedingten Tötungsvorsatzes ist die Vorstellung des Täters, welche Folgen seine Handlung für das Opfer haben wird. Primär stellt sich der Täter bspw. vor, dass das Messer in den Brustkorb eindringt, der Tritt gegen den Kopf zu einem Aufplatzen führt oder der Gullydeckel auf der Straße zerspringt. Stellt er sich *im Zeitpunkt der Handlung* vor, dass diese (Miss-)Handlung sein Opfer schwer verletzt in Lebensgefahr bringt, handelt er mit Lebensgefährdungsvorsatz (§ 224 I Nr. 5 StGB). Stellt er sich hingegen vor, dass das Opfer dadurch auch sterben könnte, handelt er mit bedingtem Tötungsvorsatz (§ 211 ff. StGB). Entscheidend für die Beantwortung der Vorsatzfrage ist folglich, welche Gefahrenprognose der Täter getroffen hat. Der – um das Primärziel zu erreichen – zu setzenden Gefahr geht nämlich eine Gefahrenprognose voraus, die zu einer Entscheidung für die Gefahrrealisierung führt.

Von den möglichen Folgen, welche die Handlung des Täters haben kann (bspw. der Stich in den Brustkorb trifft das Herz, die Lunge oder führt „nur" zu einer „Fleischwunde"), hat der Tatrichter also jene zu finden, die sich im Vorstellungsbild des Täters von seiner Tat verfestigt hat (subjektiv vorgestellte Tatfolge). Als Ausgangspunkt hat er dabei die am wahrscheinlichsten eintretende Folge zu Grunde zu legen und sie entweder der Lebensgefährdung oder der Tötung des Opfers zuzuordnen (objektive Gefahrenprognose). Eine „außergewöhnliche Verkettung unglücklicher Zufälle" hat außer Betracht zu bleiben.[166] So ist bspw. bei einem Faustschlag ins Gesicht, Stichen gegen Extremitäten oder dem langsamen Zufahren auf einen Passanten anzunehmen, dass das Opfer höchstens schwer verletzt wird, aber nicht stirbt (tötungsunspezifische Handlungen).[167] Hingegen ist es bei *Tritten gegen Kopf und Thorax* („Tottreten")[168] – wie eine Studie ergab, unabhängig von der Beschuhung[169] –, *Stichen in den linken Brustbereich* oder *Stichen in Richtung Kinn- und Halspartie,*[170] *Einwirkungen gegen*

---

[165] Siehe dazu Schaubild des *Verf.* im Anhang zum V. Kap. (S. VI).
[166] BGHSt 31, 96, 100.
[167] Vgl. *Ragués*, GA 2004, 257, 269 f.
[168] BGH, Beschl. v. 28.6.2005 – 1 StR 178/05, S. 2 („ausgesprochen naheliegend"); BGH, Urt. v. 15.11.2007 – 4 StR 453/07, Rn. 9; *Heinke*, NStZ 2010, 119, 121 f. dagegen BGH, Beschl. v. 8.5.2008 – 3 StR 142/08, Rn. 4 (verneinend bei 6 „mit voller Kraft geführte[n]" Hieben mit einer Eisenstange auf den Rumpf).
[169] *Glißmann*, Wirkung von Fußtritten gegen Kopf und Thorax, 2002 aufgenommen in: *Heinke*, NStZ 2010, 119, 121.
[170] BGH, Urt. v. 27.8.2009 – 3 StR 246/09, Rn. 6; BGH, Urt. v. 14.8.2014 – 4 StR 163/14, Rn. 17 f.

den Hals (Würgen, Drosseln,...),[171] *Einsatz von Schusswaffen*[172] *oder dem Übergießen und Entzünden des Opfers mit Brandbeschleuniger*[173] häufig am wahrscheinlichsten, dass das Opfer zu Tode kommt. Die vom Tatrichter aufgrund medizinisch-wissenschaftlicher Erkenntnisse und unter Umständen gutachterlicher Beratung als wahrscheinlich angesehene eintretende Folge stellt die *Hypothese* dar (objektive Einschätzung der Gefahrensituation). Diese besagt, dass der Täter auf Grund der objektiven Lebensgefahr, den Tod des Opfers vorhergesehen hat oder dass der Täter mangels hinlänglicher Lebensgefährdung des Opfers nicht mit bedingtem Tötungsvorsatz handelte. Der Täter selbst kann jedoch auch zu einer anderen Einschätzung der Gefahrensituation gelangt sein und selbst eine Tatfolge angenommen haben, die, unter normalen Umständen, „nur" zu einer (lebensgefährlicher) Körperverletzung geführt hätte. Dies stellt die *Alternativhypothese* dar (subjektive Einschätzung der Gefahrensituation). Bei mit an Sicherheit grenzender Wahrscheinlichkeit zum Tod führenden (Miss-)Handlungen (bspw. gezielter Stich ins Herz, „Vernichtungsdrosseln"), bedarf es keiner weitergehenden Anforderungen an den Nachweis der inneren Tatseite.[174] Das Tatgericht sollte jedoch die „Suche" nach Sachverhaltsalternativen nicht vorschnell aufgeben, wenn es zu einem revisionsfesten Urteil gelangen will. Es ist durch den Zweifelsgrundsatz jedoch nicht geboten, Sachverhaltsvarianten zu unterstellen, für die auf Grund der Beweisaufnahme keine zureichenden Anhaltspunkte vorliegen. Das *BVerfG* hat klargestellt, dass dies „für die bloße Unterstellung entlastender Sachverhaltsgestaltungen des *schweigenden Angeklagten* [...] erst recht [gilt]."[175] Den Beschuldigten trifft zwar keine Beweislast (nemo tenetur se ipsum accusare), wenn es nun aber keine Anhaltspunkte für eine Alternative gibt, verletzt das Tatgericht keine Aufklärungspflicht. Völlig fernliegende Anhaltspunkte sollte daher der Angeklagte in seinem Interesse einbringen, um die vermeintliche Alternativlosigkeit der Hypothese zu erschüttern. Das Gericht hat diese dann zu prüfen.[176] Dies ist keine mit dem Schuldprinzip

---

[171] Die beidseitige Komprimierung der *Arteria carotis communis* (Halsschlagader) kann auch bei *kurzzeitiger Einwirkung* durch die damit bedingte arterielle Unterversorgung des Gehirns zu einem hypoxischen Hirnschaden und zum Tod führen. Auch eine traumatische Reizung des *Nervus vagus* (10. Hirnnerv) des parasympatischen Nervensystems, die zu einem Herz-Kreislauf-Stillstand führt, ist möglich. Gleiches droht bereits bei *leichtem Druck* auf die beidseitigen Nervenknoten am Hals (*Glomus caroticum*). Es ist in jedem Fall ein „Spiel" mit dem Tod des Opfers, wann es ein bisschen zu viel ist (vgl. zur Gefährlichkeit BGH, Urt. v. 15.11.2007 – 4 StR 453/07, Rn. 4) a. A. BGH, Urt. v. 16.12.2003 – 5 StR 458/03, S. 5 f. (ab 3 Minuten – „Vernichtungsdrosseln").
[172] BGH, Urt. v. 25.8.2005 – 5 StR 255/05, S. 5 (ungeübter Schütze zielte auf Beine, traf Opfer lebensgefährlich im Lendenbereich); BGH, Beschl. v. 27.10.2015 – 2 StR 312/15, Rn. 7, 11; MK-*Schneider*, § 212 Rn. 21 ff. („Bei aufgesetzten Kopfschüssen dürfte die Erörterung vorsatzkritischer Erwägungen [...] entbehrlich sein. Tatrichter, die in solchen Fällen von ’zumindest bedingtem Tötungsvorsatz' ausgehen, geben sich der Lächerlichkeit preis.").
[173] BGH, Urt. v. 20.6.2012 – 5 StR 514/11, Rn. 4 (wegen Gegenindizien Tötungsvorsatz jedoch verneint).
[174] BGH, Urt. v. 16.12.2003 – 5 StR 458/03.
[175] BVerfG, Nichtannahmebeschl. v. 8.11.2006 – 2 BvR 1378/06, juris, Rn. 15 (Hervorh. *Verf.*).
[176] *Volk*, in: FG BGH, Bd. IV, 739, 751

kollidierende Beweislastumkehr (Art. 20 III GG i. V. m. Art. 1 I; 2 I GG; Art. 6 II EMRK), sondern notwendige Folge der Verpflichtung des Gerichts gemäß § 261 StPO nach seiner freien, *aus dem Inbegriff der Verhandlung* geschöpften Überzeugung zu entscheiden.[177]

Das Tatgericht muss sodann untersuchen, ob es Anhaltspunkte dafür gibt, dass der Täter zu dieser *Alternativhypothese* gelangen konnte. Dabei hat es *alle* Indizien im Einzelfall zu würdigen – das heißt, sie zu bewerten, zu gewichten und abzuwägen (§ 261 StPO).[178] Gelangt das Tatgericht dabei zu der Überzeugung, dass die *Alternativhypothese* möglich, in sich widerspruchsfrei und anhand der Indizien lückenlos nachvollziehbar ist, so ist der Nachweis des bedingten Tötungsvorsatzes nicht gelungen.[179] Je höher die Wahrscheinlichkeit ist, dass die Tathandlung zum Tod des Opfers führt (Gefahrenprognose), umso stärker müssen die vorsatzkritischen Indizien sein, die für die *Alternativhypothese* sprechen. Denn je größer die Gefahr ist, dass die Handlung zum Tod führt, umso naheliegender ist es, dass der Täter sein Primärziel, auch um den Preis eines Menschenlebens, erreichen wollte.

Diese Lösung orientiert sich an der Bestimmung des Lebenssachverhalts zum Nachweis des objektiven Tatbestandes und stellt gewissermaßen das Pendant dazu dar. Existiert ein möglicher Sachverhalt, der nicht zur Erfüllung des objektiven Tatbestandes führt, in sich widerspruchsfrei ist und nicht gegen die Gesetze der Logik, Denkgesetze oder gesicherte Erfahrungssätze verstößt, dann ist *in dubio pro reo* davon auszugehen, dass der Tatbestand nicht verwirklicht wurde. Auch der subjektive Tatbestand, also der psychische Sachverhalt, kann in dieser Art und Weise bestimmt werden. Bei genauerer Betrachtung ist diese *Methode* im Ergebnis auch die Herangehensweise des BGH, die er, wenn auch unausgesprochen und unstrukturiert, in den bereits erörterten Entscheidungen von den Tatgerichten fordert: Nachweis bedingten Tötungsvorsatzes durch Alternativhypothesenausschluss.[180]

Das *BVerfG* hat mit Blick auf das Bestimmtheitsgebot (Art. 103 II GG) auch ein Präzisierungsgebot für Tatbestandsmerkmale abgeleitet. Die Rechtsprechung hat daher „eine besondere Verpflichtung, an der Erkennbarkeit der Voraussetzungen der Strafbarkeit mitzuwirken."[181] Seit 2012[182] ist der BGH auf dem richtigen Weg. Er sollte, um die letzten Fragmente

---

[177] Vgl. BVerfG, Nichtannahmebeschl. v. 8.11.2006 – 2 BvR 1378/06, juris, Rn. 15.

[178] BGH, Urt. v. 20.9.2012 – 3 StR 140/12, Rn. 7, 15; BGH, Urt. v. 16.5.2013 – 3 StR 45/13, Rn. 8; MK-*Schneider*, § 212 Rn. 14 dagegen *Puppe*, ZIS 2/2014, 66, 70 („allgemein gültige Rangfolge" erforderlich).

[179] BGHSt 36, 1, 14 (Schlussfolgerungen müssen nur möglich und nachvollziehbar sein); BGH, Urt. v. 25.8.2005 – 5 StR 255/05, S. 7; BGH, Urt. 25.5.2007 – 1 StR 126/07, Rn. 11; BGH, Urt. v. 23.2.2012 – 4 StR 608/11, Rn. 12; BGH, Urt. v. 16.8.2012 – 3 StR 237/12, Rn. 6; BGH, Urt. v. 16.5.2013 – 3 StR 45/13, Rn. 7.

[180] Vgl. MK-*Schneider*, § 212 Rn. 52 („Hypothesenbildung durch Ausschluss gegenläufiger Alternativhypothesen") zustimmend LK-*Vogel*, § 15 Rn. 109; *Rissing-van Saan*, in: FS Geppert, 497, 514 f.

[181] BVerfG, Beschl. v. 23.6.2010 – 2 BvR 105/09, Leitsatz Nr. 2, Rn. 80, www.bundesverfassungsgericht.de dass die Rspr. dieser Verpflichtung nachkommt, daran zweifelt NK-*Puppe*, § 15 Rn. 99.

an Rechtsunsicherheit zu beseitigen, zu einer *expliziten* einheitlichen Linie finden, was er unter dem Tatbestandsmerkmal „vorsätzlich" verstanden wissen will und die tatgerichtliche Indizienwürdigung nur auf die Widerspruchsfreiheit überprüfen. Durch diese bloße Überprüfung der Hypothesenbildung kommt der BGH auch nicht in die Versuchung auf dem schmalen Grad zwischen Überprüfung auf Rechtsfehler und Ersetzung der Beweiswürdigung durch eigene Vorstellungen den Weg der Revision zu verlassen.[183] Mängel in der gesetzlichen Ausgestaltung der Tötungsdelikte dürfen nicht durch die Anforderungen an den bedingten Vorsatz ausgeglichen werden, sondern müssen vom Gesetzgeber beseitigt werden.[184]

---

[182] BGH, Urt. v. 22.3.2012 – 4 StR 558/11.
[183] Kritisch BGH, NStZ 1994, 585 („*Bierflaschen-Fall*") richtig erkannt von BGH, Urt. v. 13.1.2005 – 4 StR 469/04, S. 15 f. (Wertung d. *LG Halle* „noch im Rahmen" der diesem obliegenden Würdigung); BGH, Urt. v. 20.6.2012 – 5 StR 514/11, Rn. 15 (Ablehnung Tötungsvorsatz d. *LG Dresden* bei Übergießen und Entzünden d. Opfers mit Brandbeschleuniger akzeptiert „auch wenn eine andere Bewertung näher gelegen haben mag").
[184] NK-*Neumann*, § 212 Rn. 19.

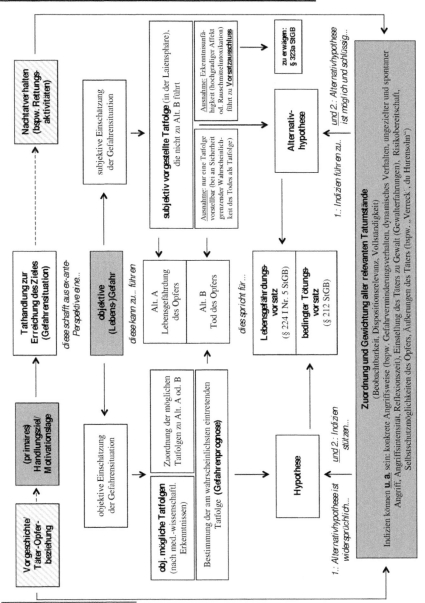

---

[185] *Verf.*, Schaubild „Nachweis bedingten Tötungsvorsatzes durch Alternativhypothesenausschluss".

BEI GRIN MACHT SICH IHR WISSEN BEZAHLT

- Wir veröffentlichen Ihre Hausarbeit,
  Bachelor- und Masterarbeit

- Ihr eigenes eBook und Buch -
  weltweit in allen wichtigen Shops

- Verdienen Sie an jedem Verkauf

Jetzt bei www.GRIN.com hochladen
und kostenlos publizieren